KB050305

✧ 수학 교과 연계로 쉽게 배우는 인공지능 ✧

인공지능, 엔트리 수학을 만나다

홍지연 지음

YoungJin.com Y.
영진닷컴

❖ 수학 교과 연계로 쉽게 배우는 인공지능 ❖

인공지능,
엔트리 수학을 만나다

Copyright ⓒ 2021 by Youngjin.com Inc.

401, STX-V Tower, 128, Gasan digital 1-ro, Geumcheon-gu, Seoul, Republic of Korea 08507

All rights reserved. No part of this book may be reproduced or transmitted in any form or by any means, electronic or mechanical, including photocopying, recording or by any information storage retrieval system, without permission from Youngjin.com Inc.

ISBN   978-89-314-6593-8

독자님의 의견을 받습니다.

이 책을 구입한 독자님은 영진닷컴의 가장 중요한 비평가이자 조언가입니다. 저희 책의 장점과 문제점이 무엇인지, 어떤 책이 출판되기를 바라는지, 책을 더욱 알차게 꾸밀 수 있는 아이디어가 있으면 팩스나 이메일, 또는 우편으로 연락주시기 바랍니다. 의견을 주실 때에는 책 제목 및 독자님의 성함과 연락처(전화번호나 이메일)를 꼭 남겨 주시기 바랍니다. 독자님의 의견에 대해 바로 답변을 드리고, 또 독자님의 의견을 다음 책에 충분히 반영하도록 늘 노력하겠습니다.

주 소 : (우)08507 서울특별시 금천구 가산디지털1로 128 STX-V 타워 4층 401호 (주)영진닷컴 기획1팀

이메일 : support@youngjin.com

파본이나 잘못된 도서는 구입하신 곳에서 교환해 드립니다.

STAFF

저자 홍지연 | **총괄** 김태경 | **기획** 최윤정 | **표지 디자인** 임정원 | **내지 디자인·편집** 이주은

영업 박준용, 임용수, 김도현 | **마케팅** 이승희, 김근주, 조민영, 채승희, 김민지, 임해나, 김도연, 이다은

제작 황장협 | **인쇄** 제이엠

머리말

미래사회를 준비하는 교육으로서 **인공지능 교육**에 대한 이야기를 들어 본 적이 있을 겁니다. 그 내용을 간략하게 살펴보면, 유치원에서부터 놀이를 통한 인공지능 교육이 시작되고, 초중고등학교에서는 2022 개정 교육과정이 적용되는 2025년부터 정보교과 또는 교과 융합을 통해 수업 시간에 인공지능 교육이 이루어지게 됩니다. 구체적인 인공지능 교육 내용의 범주를 살펴보면 AI 프로그래밍, AI 원리, AI 윤리 등이 있으며, 특히 고등학교의 경우 진로 선택 과목에 '인공지능 기초', '인공지능 수학' 과목을 도입해 인공지능 교육의 핵심이라고 할 수 있는 정보 교육과 수학 교육이 강화됩니다.

이와 같은 내용에서 주목할 만한 시사점은 크게 4가지입니다. **첫째는 놀이를 통한 인공지능 교육, 둘째는 인공지능 프로그래밍 교육, 셋째는 인공지능 수학 교육, 그리고 인공지능 윤리 교육입니다.** 이러한 시사점을 근거로 시대의 변화에 대비하고 인공지능과 교육의 만남을 보다 체계적으로 정리하기 위해 본 필자는 〈인공지능, 언플러그드를 만나다〉, 〈인공지능, 스크래치를 만나다〉, 〈인공지능, 엔트리를 만나다〉, 〈인공지능, 게임을 만나다〉편을 출간하였습니다. 〈인공지능, 언플러그드를 만나다〉편을 통해 유치원, 초등학교에서 재미있게 접목할 수 있는 인공지능 놀이 교육에 도움이 되고자 하였고, 〈인공지능, 스크래치를 만나다〉, 〈인공지능, 엔트리를 만나다〉, 〈인공지능, 게임을 만나다〉편을 통해 보다 체계적인 인공지능 프로그래밍 교육에 대비하였습니다.

그리고 이번에는 〈인공지능, 엔트리 수학을 만나다〉편을 통해 인공지능 교육에서 중요하게 여겨지는 수학에 대해 보다 많은 관심을 기울이고자 합니다. 여러 인공지능 교육 정책에서 수학을 이야기하고 있는 까닭은 무엇일까요? 인공지능은 인간의 지능 즉, 인간의 사고를 흉내 낸 시스템이라 볼 수 있습니다. 이때 인공지능 시스템에서는 사람이 코딩으로 동작 원리를 정의하지 않습니다. 사람은 인공지능이 이해할 수 있는 데이터를 제공하고 학습하는 방법론을 정할 뿐입니다. 그러면 인공지능은 이를 기반으로 동작 규칙을 스스로 만들어 냅니다. 인공지능이 규칙을 스스로 만들어 낼 때 **수학**은 필수입니다. 수학은 세상을 숫자로 표현하는 학문이며 숫자는 측정에 있어 정확한 기준을 제시할 수 있습니다. 즉, 수학은 숫자를 통해 세상의 법칙을 정확하게 표현할 수 있고, 판단의 근거를 제시할 수 있는 것이며 이러한 부분이 인공지능 시스템에서 매우 중요한 역할을 하게 되는 것입니다.

실제 인공지능 프로그래밍을 하다 보면 수학적 지식을 활용해 코드를 작성하기도 하고, 사람이 데이터와 학습 방법을 정해 주면 인공지능이 자동으로 규칙을 찾아내 문제를 해결합니다. 따라서 이와 같은 인공지능과 수학의 관계를 본 책에서 충분히 경험할 수 있도록 각 챕터를 구현하였습니다. 이미지, 텍스트, 음성 데이터 등을 수집하고 이를 학습시킨 모델로 데이터를 분류하는 인공지능 프로그램뿐 아니라 K-NN 알고리즘을 활용해 원하는 데이터와 가장 가까이에 있는 K개의 데이터를 이웃으로 선정, 이웃 데이터에서 가장 많은 수를 차지하는 클래스로 새로운 데이터의 클래스를 정해 분류하는 인공지능 모델 만들기, 선형회귀 알고리즘을 활용해 수집한 데이터의 숫자 데이터를 핵심 속성으로 삼아 예측 속성을 찾아내는 인공지능 모델 만들기, 컴퓨터가 스스로 학습해 데이터의 속성이 유사한 것끼리 군집을 만들어 내는 인공지능 모델 만들기 등을 경험하도록 구성함으로써 인공지능 학문과 수학에 보다 깊이 있게 다가갈 수 있도록 한 것입니다.

'수포자'라는 말이 있을 만큼 수학이라는 학문을 어렵고 재미없는 과목으로 여기는 친구들이 많습니다. 하지만 인공지능 프로그램과 만난 수학은 학생들에게 수학적 재미와 의미는 물론, 인공지능 프로그래밍 실력까지 키워 줄 수 있습니다. 자신이 배운 수학적 지식이 이렇게 인공지능 시스템에 적용된다는 사실은 새로운 세상을 바라볼 수 있는 눈을 키워 줍니다. 사물을 인식해 해당 사물의 모양으로 마을을 꾸밀 수 있는 AI 프로그램, 단맛과 짠맛 선호도 점수를 이용해 짜장면이 좋은지, 짬뽕이 좋은지 추천해 주는 AI 추천 프로그램, 키 데이터를 이용해 몸무게를 예측해 주는 AI 예측 프로그램, 얼굴 인식을 이용해 연산의 결괏값 숫자가 나타났을 때 그 숫자를 먹어버리는 AI 게임 프로그램 등 다양한 주제로 인공지능의 기술을 체험하고 수학적 흥미를 이끌어 갈 수 있도록 하였습니다.

미래 교육은 결코 어렵거나 멀리 있지 않습니다. 놀이로 시작해 다양한 AI 도구로 인공지능 세상을 엿보고, 나아가 엔트리를 통해 인공지능 시대에 필요한 소프트웨어를 만들어 보는 것, 자신이 어릴 때부터 배워 온 수학이 이렇게 인공지능 세상에 적용되어 사람들을 돕는 데 활용됨을 아는 것, 이렇게 책을 한 장 한 장 스스로 넘겨 가며 더 깊은 배움을 찾아 몰입하고 즐겁게 인공지능에 대한 경험을 쌓아 간다면 우리 학생들이 이 시대의 주인공, 나아가 미래사회를 이끌어갈 핵심 인재로 자라날 것을 확신합니다. 이 한 권의 책이 그런 미래 인재들의 힘찬 발걸음에 작은 보탬이 되길 오늘 또 희망해 봅니다.

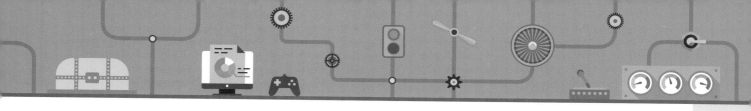

저자 홍지연

초등학교 교사
한국교원대학교 대학원 초등컴퓨터교육 박사 수료

저서

언플러그드 놀이 시리즈 영진닷컴

학교 수업이 즐거워지는
엔트리 코딩 영진닷컴

알버트 AI로봇과 함께하는
즐거운 엔트리 코딩-카드 코딩 영진닷컴

즐거운 메이커 놀이 활동 시리즈 영진닷컴

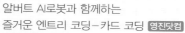

인공지능을 만나다 시리즈 영진닷컴

- WHY? 코딩 워크북 예림당
- 코딩과학동화 시리즈 〈팜〉 지하농장, 하늘농장, 우주농장편 길벗
- 소프트웨어 수업백과 상상박물관
- HELLO! EBS 소프트웨어 EBS 외 다수

인공지능 교육 어떻게 시작할까요?

❶ 초등학교에서도 인공지능 교육이 가능할까요?

가능합니다. 또한 필요하다고 생각합니다. 이미 우리 아이들의 생활 속에 인공지능은 깊숙이 들어와 있습니다. 매일 아침 마주하는 AI 스피커가 인공지능 기술을 바탕으로 만들어졌음을 알고 사용할 때 더 적절하게 사용할 수 있을 뿐 아니라, 어떤 점이 개선되어야 하는지도 생각해 볼 수 있습니다. 단, 여기서 말하는 인공지능 교육은 어른들에게도 어려운 인공지능 학문에 대한 수준 높은 접근을 말하는 것이 아닙니다. 생활 속에 인공지능 기술이 어떻게 녹아 있는지 알고, 세상이 어떻게 변해가고 있는지에 대한 민감성과 미래 사회에 대한 통찰을 키워갈 수 있는 소양을 가질 수 있도록 하는 인공지능 교육을 의미합니다.

❷ 인공지능 책을 시리즈로 만든 이유는 무엇인가요?

〈인공지능, 언플러그드를 만나다〉는 인공지능 교육을 처음 접하는 학생들 또는 어린 학습자들을 위한 입문서라고 할 수 있습니다. 놀이를 통해 인공지능의 개념과 원리에 접근하기 때문에 누구나 쉽게 즐기며 학습할 수 있습니다. 하지만 놀이가 놀이로서 끝나면 그 교육적 효과가 지속되기 어렵습니다. 놀이에서 배운 다양한 개념과 원리를 직접 체험해 볼 수 있는 그다음 단계의 교육이 필요합니다. 그래서 다양한 AI 학습 도구를 활용한 〈인공지능, 스크래치를 만나다〉를 통해 보다 넓고 다양한 인공지능의 세계를 경험할 수 있도록 시리즈 책을 기획하였습니다. 그리고 그다음 편인 〈인공지능, 엔트리를 만나다〉에서는 보다 깊게 인공지능 기술을 활용한 프로그램을 만들어 볼 수 있도록 함으로써 인공지능 활용 SW 교육까지 나아갑니다. 인공지능이 어떻게 학습하는지 비교적 쉽게 접근 가능한 지도학습의 원리를 활용해 모델을 만들고 그 모델을 활용한 프로그래밍 경험은 이전에 없던 새로운 인공지능 세계로의 확장을 보여 줍니다. 하지만 여기서 끝이 아닙니다. 데이터의 경향성을 파악해 의사결정에 필요한 예측과 클러스터링이 가능한 단계의 모델을 만들어 보는 것, 보다 높은 수준의 인공지능 기술을 활용한 프로그래밍 교육 또한 필요하다고 판단하였습니다. 이를 위해 〈인공지능, 게임을 만나다〉는 다소 어려울 수 있는 한 단계 높은 수준의 인공지능 활용 SW 교육을 담되, 학생들이 어려움을 덜 느끼도록 인공지능에 게임의 요소를 더했습니다. 그리고 이번에는 〈인공지능, 엔트리 수학을 만나다〉를 통해 인공지능의 시작이라 할 수 있는 컴퓨터과학과 수학에 한발 더 다가가고자 하였습니다. 시리즈로 이어지는 각 권들을 단계적으로 배워가는 과정 속에 우리 학생들은 미래 사회에 꼭 필요한 역량을 키워나가게 됩니다.

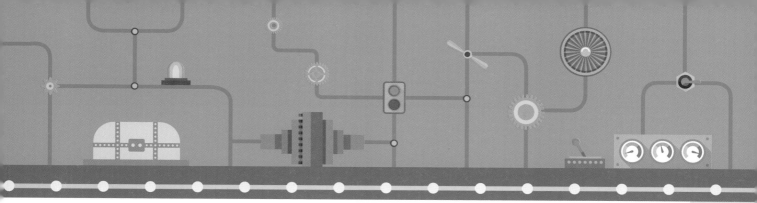

❸ 미래 사회에 대비한 교육 환경을 만들어 주세요!

AI, 빅데이터, IoT, 로봇, 3D 프린터 등 4차 산업혁명 시대의 최첨단 기술의 발전은 우리의 일상생활은 물론 사회, 문화, 정치, 경제, 교육 등 모든 것을 바꿔 놓고 있습니다. 이렇게 급변하는 시대에 우리 아이들이 갖춰야 할 사고력 중 하나가 바로 컴퓨팅 사고력이며, 이 책에서 말하고자 하는 인공지능 소양 역시 우리 아이들을 미래의 인재로 키워 주는 역량이라 말할 수 있습니다. 하지만 이런 미래 사회에 대비한 교육이라고 해서 굉장히 대단한 무언가가 있는 것이 아닙니다. 미래 교육은 말 그대로 우리 아이들이 스스로 생각할 수 있는, 그래서 무엇인가 자신만의 새로운 것을 만들 수 있는 능력을 키우는 교육입니다. 따라서 우리 아이들의 생활이 곧 교육이고, 환경이 곧 역량이 됩니다. 손 닿을 곳에 항상 책을 가까이 두는 것. 무엇이라도 스스로 만들어 볼 수 있는 공간이 있도록 하는 것. 모르는 것이 있을 때 즉시 주변의 도움 또는 컴퓨터의 도움을 받아 지식을 습득할 수 있도록 하는 것. 아이의 상상력을 끊임없이 지지해 주는 것... 바로 이런 노력, 이런 환경이 필요합니다. 여기에 한발 더 나아가기 위해 체계적으로 공부할 수 있는 소프트웨어 교육이나 인공지능 교육 관련 책 한 권 선물해 보면 어떨까요? 이런 작은 출발에서부터 시작해 보세요.

❹ 이것만은 주의해 주세요!

여기에 소개된 인공지능 프로그램을 따라 하는 것만으로도 인공지능이 어떤 원리에 의해 학습하는지, 우리 생활에 어떤 영향을 미칠 수 있는지 생각해 볼 수 있습니다. 하지만 단순히 따라 하기만 하고 끝내기보다 나만의 아이디어를 더해 새로운 프로그램으로 만들어 보려는 노력이 필요합니다. 자신의 생각을 만들고, 그 생각을 현실로 만들기 위해 코드를 수정하는 과정에서 문제해결력은 물론 창의적 사고력 또한 키울 수 있는 것입니다. 따라서 각 챕터마다 제시된 기본 프로그램을 다 완성한 후에는 반드시 앞에서 따라 하며 알게 된 기능들을 활용해 자신만의 새로운 인공지능 프로그램을 탄생시켜 보도록 합니다.

⑤ 혼자서도 할 수 있는 인공지능 교육 정보

이솝 https://www.ebssw.kr/

이솝은 EBS SW 교육 플랫폼(EBS Software Learning Platform)의 약자로 SW에 관심 있는 분들이라면 누구나 시간과 장소에 구애 받지 않고 수준별 맞춤형 자기주도 학습을 할 수 있도록 지원하는 전국민 무료 SW 교육 온라인 플랫폼입니다. 최근에는 인공지능과 관련된 다양한 강좌가 개설되어 서비스되고 있습니다. 인공지능에 대해 기초부터 차근차근 배워 보고 싶다면 이솝에서 원하는 강좌를 수강신청해 보는 것도 좋습니다.

클래스팅 AI https://edtech.classting.com/

클래스팅 AI는 교육 빅데이터와 인공지능 기술로 개별화 교육을 구현할 수 있도록 도와주는 서비스입니다. 데이터 분석을 통한 맞춤형 진단평가, 교사용 학습 결과 리포트 제공, 핵심 개념별 동영상 보충 학습, 매일 업데이트되는 오늘의 AI 추천 문제 등 원격수업의 중요성이 대두되고 있는 요즘 학교에서 또는 개별로 서비스 받을 수 있습니다.

KT AI 코딩 블록 https://aicodingblock.kt.co.kr/

KT AI 코딩 블록은 '인공 지능', '사물 인터넷', '빅데이터' 등 세상의 기술들을 쉽게 학습하고 구현할 수 있는 소프트웨어 코딩 교육 플랫폼입니다. 특히 내 아이디어를 블록 코딩하여 설계하고 KT AI 코딩팩을 사용하여 실제 환경에서 대화하고 동작을 구현할 수 있어 최첨단 기술을 손쉽게 체험해 볼 수 있습니다.

목차

※ 인공지능 프로그램을 만드는 데 필요한 예제 파일은
[영진닷컴 홈페이지(www.youngjin.com)] − [고객센터]
− [부록CD 다운로드]에서 다운로드받아 주세요.

음성 인식

01
Section

도형 마을 만들기

엔트리의 음성 인식 기술을 활용해 인식된 도형으로 마을을 꾸미는 AI 도형 마을 프로그램을 만들어요.

 수업 길잡이

난이도 ★★★☆☆
소요시간 30분 이상
학습영역 인공지능과 인식
준비물 PC 또는 노트북,
사이트 주소 알기
(https://playentry.org/)

AI 프로그래밍을 준비해요!

활동 목표
엔트리의 음성 인식을 이해하고 AI 도형 마을 프로그램 만들기

활동 약속
발음을 분명하게 해 음성을 인식시켜요.

관련 교과를 확인해요!

관련 교과 및 단원

• 1학년 > 2학기 > 수학 > 3. 여러 가지 모양 >
  여러 가지 모양으로 마을을 꾸며 볼까요?
• 2학년 > 1학기 > 수학 > 2. 여러 가지 도형 >
  재미있는 모양을 만들어요.
• 6학년 > 2학기 > 실과 > 4. 생활 속 소프트웨어 >
  절차적 문제 해결
• 초등 인공지능교육 내용체계 > 5–6학년군 >
  인공지능 적용 > 인공지능 기초프로그래밍

 **이 활동은**

음성 인식

엔트리의 음성 인식 기술을 활용하여 삼각형, 사각형과 같은 도형의 이름을 인식해 해당 도형으로 마을을 꾸미는 AI 도형 마을 프로그램입니다. 이를 통해 인공지능의 음성 인식 기술을 이해하고, 재미있는 도형의 세계를 경험하는 프로그램을 만들 수 있습니다.

1 〈인공지능〉 카테고리를 클릭한 후 [인공지능 블록 불러오기] 버튼을 누릅니다.

2 〈오디오 감지〉와 〈읽어주기〉를 선택한 후 [불러오기] 버튼을 클릭합니다.

❸ 이번 프로그램은 총 4개의 장면이 필요합니다. ❶〈시작〉 장면에서는 기본 오브젝트인 '엔트리봇'을 삭제하고 ❷ 글상자 오브젝트(재미있는 도형 마을)와 ❸ '[묶음] 매드 플라워' 오브젝트를 그림처럼 추가합니다.

❷ 글상자 오브젝트(재미있는 도형 마을) : 산돌 초록우산 어린이, 글자색 검은색, 배경색 없음

❹ ❶〈사각형 마을〉 장면에서는 ❷ '들판(2)' 배경 오브젝트와 ❸ '사각형' 오브젝트를 추가합니다.

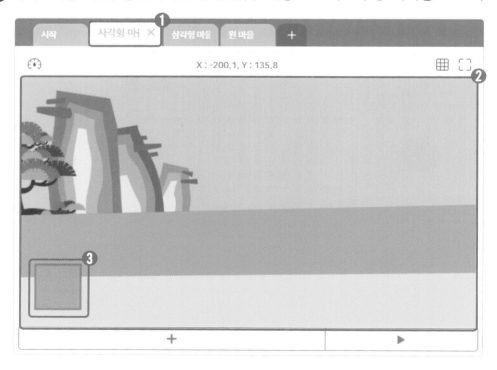

5 ❶〈삼각형 마을〉 장면에서는 ❷'뒷동산' 배경 오브젝트와 ❸'삼각형' 오브젝트를 추가합니다.

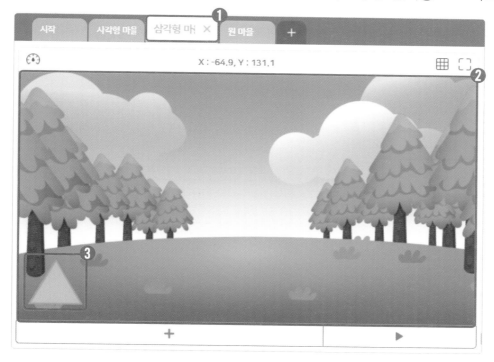

6 ❶〈원 마을〉 장면에서는 ❷'눈오는 날' 배경 오브젝트와 ❸'원' 오브젝트를 추가합니다.

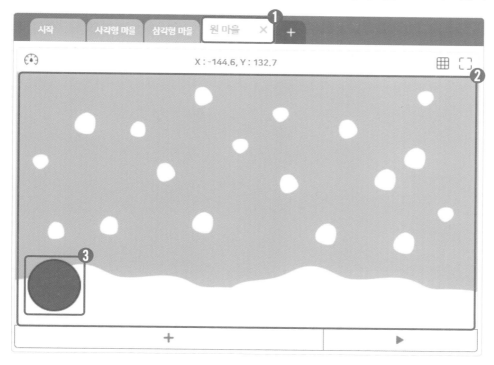

7 속성 탭을 클릭해 코드에 필요한 신호를 만들어 줍니다.

❶ [신호]를 선택한 뒤 [신호 추가하기] 버튼을 클릭합니다.

❷ "사각형 마을", "삼각형 마을", "원 마을" 총 3개의 신호를 만듭니다.

❽ 〈시작〉 장면의 '[묶음] 매드 플라워' 오브젝트를 선택한 상태에서 다음과 같이 코드를 작성합니다.

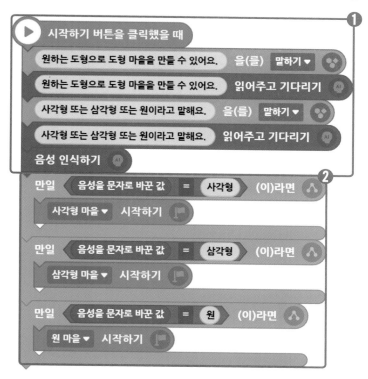

❶ 〈시작〉의 [시작하기 버튼을 클릭했을 때] 블록 아래에 〈생김새〉의 [(안녕)을 말하기] 블록과 〈인공지능〉-〈읽어주기〉의 [(엔트리) 읽어주고 기다리기] 블록을 차례대로 연결한 뒤, (안녕)과 (엔트리) 속에 (원하는 도형으로 도형 마을을 만들 수 있어요.)를 입력합니다. 마찬가지로 두 블록을 하나씩 더 가져온 뒤 (사각형 또는 삼각형 또는 원이라고 말해요.)를 입력합니다. 이어서 〈인공지능〉-〈오디오 감지〉의 [음성 인식하기] 블록을 연결합니다.

❷ 〈흐름〉의 [만일 (참)이라면] 블록을 3개 가져와 연결한 뒤, 각 (참) 속에 〈판단〉의 [(10)=(10)] 블록을 넣습니다. 왼쪽 (10)에는 〈인공지능〉-〈오디오 감지〉의 [음성을 문자로 바꾼 값] 블록을 넣고, 오른쪽 (10)에는 위에서부터 (사각형), (삼각형), (원)을 각각 입력해 줍니다. 각 (참) 조건을 만족할 때마다 해당하는 장면을 시작하도록, 위에서부터 차례대로 〈시작〉의 [(사각형 마을) 시작하기], [(삼각형 마을) 시작하기], [(원 마을) 시작하기] 블록을 넣어 줍니다.

9 〈사각형 마을〉 장면의 '사각형' 오브젝트를 선택한 상태에서 〈시작〉의 [장면이 시작되었을 때] 블록 아래에 〈생김새〉의 [(안녕)을 (4)초 동안 말하기] 블록을 연결한 뒤, (안녕) 대신에 (우리를 끌어다 원하는 곳에 꾸며줘.)를 입력합니다.

10 계속해서 〈사각형 마을〉 장면의 '사각형' 오브젝트에 코드를 추가합니다.

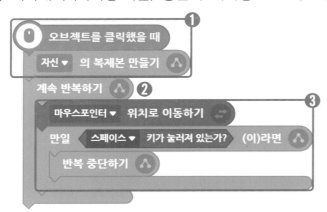

❶ 〈시작〉의 [오브젝트를 클릭했을 때] 블록을 가져온 뒤 〈흐름〉의 [(자신)의 복제본 만들기] 블록을 연결해 오브젝트를 클릭할 때마다 복제본이 만들어지도록 합니다.

❷ 〈흐름〉의 [계속 반복하기] 블록을 연결합니다.

❸ [계속 반복하기] 블록 속에 〈움직임〉의 [(마우스포인터) 위치로 이동하기] 블록을 넣습니다. 그리고 〈흐름〉의 [만일 (참)이라면] 블록을 연결하고, (참) 속에 〈판단〉의 [(스페이스) 키가 눌러져 있는가?] 블록을 넣습니다. 조건을 만족했을 때, 즉 스페이스 키가 눌러졌을 때 반복을 중단하도록 〈흐름〉의 [반복 중단하기] 블록을 그림처럼 연결합니다.

⑪ 계속해서 〈사각형 마을〉 장면의 '사각형' 오브젝트에 코드를 추가합니다.

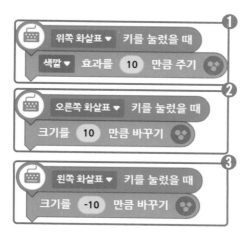

❶ 위쪽 화살표 키를 누를 때마다 '사각형' 오브젝트의 색깔이 달라지도록 하기 위해, 〈시작〉의 [(위쪽 화살표) 키를 눌렀을 때] 블록을 가져온 뒤 〈생김새〉의 [(색깔) 효과를 (10)만큼 주기] 블록을 연결합니다.

❷ 오른쪽 화살표 키를 누를 때마다 '사각형' 오브젝트의 크기가 커지도록 하기 위해, 〈시작〉의 [(오른쪽 화살표) 키를 눌렀을 때] 블록을 가져온 뒤 〈생김새〉의 [크기를 (10)만큼 바꾸기] 블록을 연결합니다.

❸ 왼쪽 화살표 키를 누를 때마다 '사각형' 오브젝트의 크기가 작아지도록 하기 위해, 〈시작〉의 [(왼쪽 화살표) 키를 눌렀을 때] 블록을 가져온 뒤 〈생김새〉의 [크기를 (−10)만큼 바꾸기] 블록을 연결합니다.

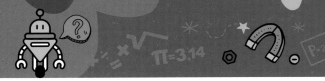

⑫ 나머지 장면인 〈삼각형 마을〉과 〈원 마을〉의 코드 역시 앞의 〈사각형 마을〉의 코드와 모두 동일합니다. 각각 '삼각형'과 '원' 오브젝트를 선택한 상태에서 코드를 작성해 줍니다.

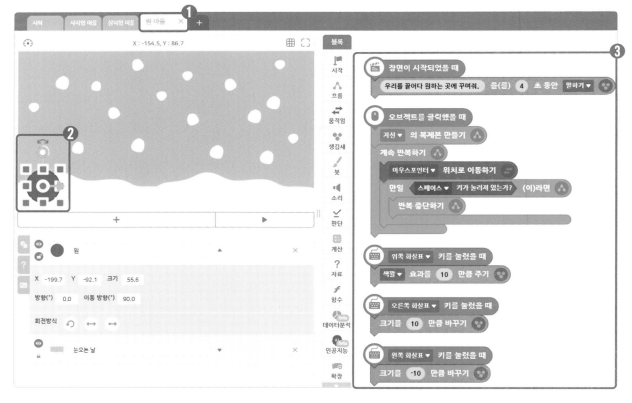

⑬ 프로그램이 완성되었다면 [시작하기] 버튼을 눌러 음성 인식 도형 마을 만들기 놀이를 해 봅시다.

▶ 〈사각형 마을〉에서 사각형으로 마을을 자유롭게 꾸며 보세요.

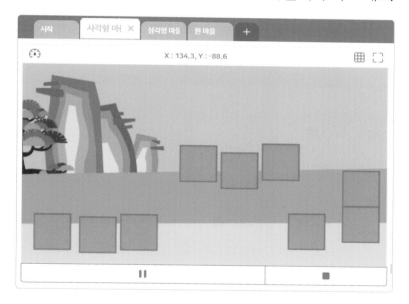

▶ 〈삼각형 마을〉에서 삼각형으로 마을을 자유롭게 꾸며 보세요. 위쪽 화살표 키를 누르면 색깔에 변화를 줄 수 있어요.

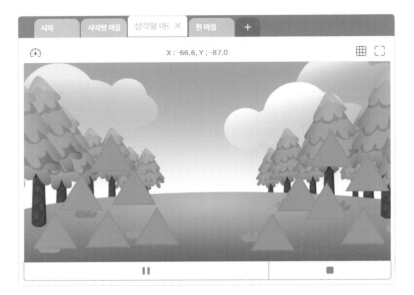

▶ 〈원 마을〉에서 원으로 마을을 자유롭게 꾸며 보세요. 오른쪽 또는 왼쪽 화살표 키를 누르면 크기에 변화를 줄 수 있어요.

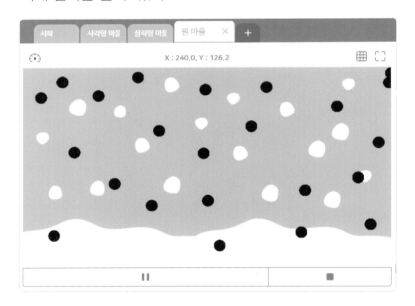

TIP

음성을 인식시킬 때 알맞은 크기의 목소리로 발음을 정확하게
하는 것이 좋아요. 또한, 긴 낱말은 인식률이 떨어질 수 있으므로
핵심적이고 짧은 낱말로 음성 인식을 할 수 있도록 해요.

http://naver.me/5cTMdJtd

음성 인식 기술은
어떻게 작동할까요?

코로나19로 인해 비대면과 디지털로 생활환경이 변화하면서 우리는 '음성 인식' 기반의 기술에 더욱더 익숙해지고 있습니다. 뉴스나 날씨 등 원하는 정보를 실시간 검색을 통해 알려 주기도 하고, 차에서는 내가 원하는 목적지를 말하기만 하면 내비게이션이 최적의 경로를 안내해 줍니다. 스마트 홈 기기를 제어해 전등을 켜거나, 음식을 주문하거나, 쇼핑을 하는 것까지 모두 우리의 목소리, 말로 가능합니다.

음성 인식 기술로 작동되는 기계들은 사람처럼 우리의 말을 듣고 이해해 대답하는 것 같지만 사실은 전혀 다른 과정으로 진행됩니다. 시리나 빅스비 같은 가상 비서들은 딥러닝 기반의 자연어 처리(NLP) 기술을 통해 사람의 언어를 이해합니다. 수많은 자연어 데이터를 처리하고 분석하기 위해 다음과 같은 과정을 거치게 되는 것입니다.

사용자가 호출어와 함께 스마트폰의 가상 비서나 AI 스피커에 말을 합니다.
→ 기계는 사용자의 음성을 텍스트로 변환(STT: Speech-To-Text)합니다.
→ 기계는 자연어 처리(NLP: Natural Language Processing) 기술을 통해 데이터를 처리합니다.
→ 기계는 처리한 텍스트를 오디오로 변환(TTS: Text-To-Speech)합니다.
→ 변환된 오디오를 송출해 사용자에 응답합니다.

이 과정은 굉장히 간단해 보일 수 있지만, 기계의 입장에서 인간의 언어는 이해하기 매우 어려운 영역입니다. 문장의 형태소, 구문, 의미, 화용 분석 등을 통해 문장 전체의 의미를 파악해야 합니다. 기계가 인간의 언어를 이해하는 데에는 컴퓨터 공학, 인공지능, 언어학 등이 복합적으로 영향을 주기 때문에 자연어 처리(NLP) 기술은 매우 복잡하고 정교합니다.

음성 인식 기술은 최근 몇 년간 빠르게 발전해 왔지만 완벽하지는 않습니다. 90% 이상의 정확도를 자랑하는 음성 인식 기기도 신조어나 줄임말, 비슷한 발음의 단어 등은 여전히 구별하지 못하는 경우가 많습니다. 정확도를 높이고 사용자 편의까지 높이기 위해 아직 넘어야 할 산이 많다는 의미인 것이죠.

따라서 자연어 처리(NLP) 알고리즘에서 정확도를 높이려면 실제로 사용되는 다양한 언어 패턴을 분석하고, 이를 이해할 수 있도록 데이터를 학습시켜야 합니다. 결국 이 기술에서 가장 필수적인 것은 방대한 언어 데이터입니다. 지역적, 사회적인 방언이나 주변 소리가 섞인 음성, 자주 틀리는 문법이나 뒤바뀐 구조로 말하는 문장 등을 포함한 AI 학습용 데이터는 음성 인식기의 성능을 개선합니다. 학습용 데이터를 많이, 다양하게 확보할수록 비즈니스에 활용할 음성 인식 기술의 정확도 또한 더 높일 수 있다는 뜻이 됩니다.

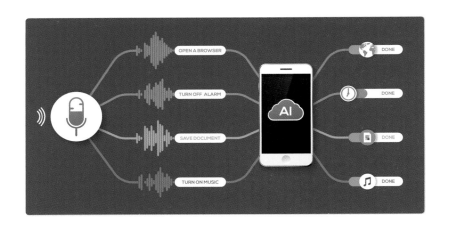

02 Section

모양 찾기 놀이

엔트리의 사물 인식 기술을 활용해 사각형, 원 모양의 물건을 찾아 인식시켜 점수를 얻는 AI 모양 찾기 프로그램을 만들어요.

 수업 길잡이

난이도 ★★★☆☆
소요시간 30분 이상
학습영역 인공지능과 인식
준비물 PC 또는 노트북, 사이트 주소 알기
(https://playentry.org/)

AI 프로그래밍을 준비해요!

활동 목표
엔트리의 사물 인식을 이해하고 AI 모양 찾기 프로그램 만들기

활동 약속
힌트에서 알려 주는 주변의 사물을 찾아 인식시켜요.

관련 교과를 확인해요!

관련 교과 및 단원
• 1학년 > 1학기 > 수학 > 2. 여러 가지 모양 > 모양 찾기 놀이를 해요.
• 2학년 > 1학기 > 수학 > 2. 여러 가지 도형 > 사각형을 알아볼까요?
• 6학년 > 2학기 > 실과 > 4. 생활 속 소프트웨어 > 절차적 문제 해결
• 초등 인공지능교육 내용체계 > 5–6학년군 > 인공지능 적용 > 인공지능 기초프로그래밍

 이 활동은

사물 인식 8

엔트리의 사물 인식 기술을 활용해 사각형 모양인 책, 키보드 등의 사물을 찾아 인식시키거나 원 모양인 공, 원반 등을 찾아 인식시켰을 때 점수를 얻는 AI 수학 게임 프로그램입니다. 이를 통해 인공지능의 사물 인식 기술을 이해하고, 수학적으로 재미있게 활용하는 프로그램을 만들 수 있습니다.

① 〈인공지능〉 카테고리를 클릭한 후 [인공지능 블록 불러오기] 버튼을 누릅니다.

② 〈비디오 감지〉와 〈읽어주기〉를 선택한 후 [불러오기] 버튼을 클릭합니다.

❸ 기본 오브젝트인 '엔트리봇'은 삭제하고, 오브젝트 추가하기를 눌러 ❶'상자', ❷'속이 빈 사각형', ❸글상자 오브젝트(사물 인식 : 모양찾기)와 ❹글상자 오브젝트(다음 화면에 보이는 모양과 같은 사물을 찾으시오.)를 그림처럼 추가합니다.

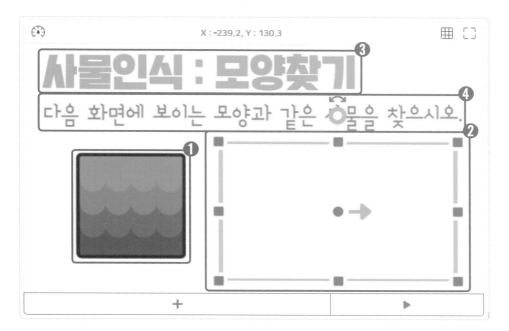

❷ **속이 빈 사각형** : 모양 탭에서 노란색의 '속이 빈 사각형_2'로 모양을 변경합니다.

❸ **글상자 오브젝트(사물 인식 : 모양찾기)** : 산돌 씨네마극장, 글자색 하늘색, 배경색 없음

❹ **글상자 오브젝트(다음 화면에 보이는 모양과 같은 사물을 찾으시오.)** : 디자인하우스체, 글자색 빨간색, 배경색 없음

❹ '상자'를 선택한 상태에서 모양 탭을 클릭해 숲과 음표 모양은 삭제합니다. 그리고 [모양 추가하기] 버튼을 눌러 원, 사각형 모양을 추가합니다. 이때 추가한 사각형 모양이 모양 번호 (1)이고, 원 모양이 모양 번호 (2)임을 확인합니다. 추가한 순서에 따라 모양 번호가 약간 다를 수 있으니 순서를 맞춰 주세요.

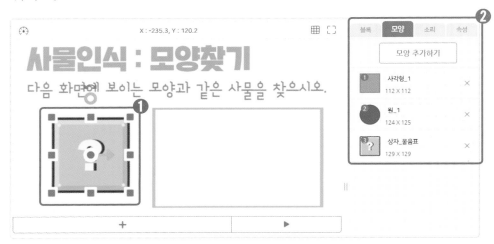

❺ 속성 탭을 클릭해 코드에 필요한 변수와 신호를 만들어 줍니다.

❶ [변수]를 선택한 뒤 [변수 추가하기] 버튼을 클릭합니다.
❷ 점수가 저장되는 "점수" 변수와 모양의 번호를 저장하는 "모양" 변수를 만들어 줍니다. "점수" 변수는 화면에 보이도록 눈 뜬 모양을 그대로 놔두고, "모양" 변수는 화면에 보이지 않도록 눈 감은 모양으로 만듭니다.
❸ [신호]를 선택한 뒤 [신호 추가하기] 버튼을 클릭합니다.
❹ "시작", "원모양", "사각모양" 신호를 만들어 줍니다.

❻ '상자' 오브젝트를 선택한 상태에서 다음과 같이 코드를 작성합니다.

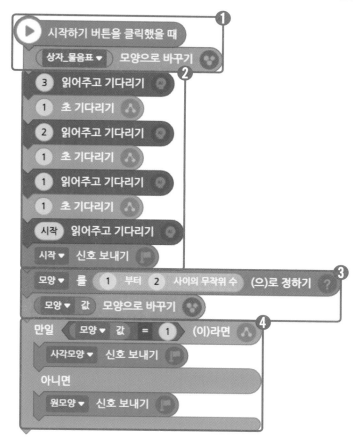

❶ 프로그램이 시작되면 '상자_물음표' 모양이 되도록 〈시작〉의 [시작하기 버튼을 클릭했을 때] 블록 아래에 〈생김새〉의 [(상자_물음표) 모양으로 바꾸기] 블록을 연결합니다.

❷ 3초부터 카운트다운을 시작하도록 〈인공지능〉–〈읽어주기〉의 [(엔트리) 읽어주고 기다리기] 블록과 〈흐름〉의 [(1)초 기다리기] 블록을 각각 3개씩 연결하고, (엔트리) 자리에 각각 (3), (2), (1)을 입력합니다. 〈인공지능〉–〈읽어주기〉의 [(엔트리) 읽어주고 기다리기] 블록을 연결하고 (엔트리) 자리에 (시작)을 입력한 뒤, 〈시작〉의 [(시작) 신호 보내기] 블록을 가져와 연결합니다.

❸ '상자' 오브젝트에 추가한 모양 중 사각형은 모양 번호 (1)이고 원은 모양 번호 (2)이므로 둘 중 하나를 랜덤으로 정하기 위해, 〈자료〉의 [(모양)을 (10)으로 정하기] 블록을 가져온 후 (10) 대신 〈계산〉의 [(1)부터 (2) 사이의 무작위 수] 블록을 넣어 줍니다. 그렇게 랜덤으로 정해진 번호의 모양으로 바뀌도록 〈생김새〉의 [(사각형_1) 모양으로 바꾸기] 블록을 가져온 뒤, (사각형_1) 속에 〈자료〉의 [(모양)값] 블록을 넣어 줍니다.

❹ 〈흐름〉의 [만일 (참)이라면, 아니면] 블록을 가져온 후 (참) 속에 〈판단〉의 [(10)=(10)] 블록을 넣어 줍니다. 왼쪽 (10)에는 〈자료〉의 [(모양)값] 블록을 넣고, 오른쪽 (10)에는 (1)을 입력합니다. 모양 값이 1인 경우, 즉 사각형인 경우 실행될 수 있도록 〈시작〉에서 [(사각모양) 신호 보내기] 블록을

가져와 연결합니다. 조건을 만족하지 않는다면, 즉 사각형이 아니라면 원모양이 실행될 수 있도록 [(원모양) 신호 보내기] 블록을 넣어 줍니다.

7 '속이 빈 사각형' 오브젝트를 선택한 상태에서 다음과 같이 코드를 작성합니다.

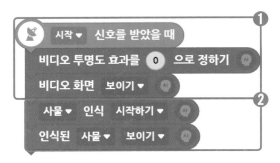

❶ 〈시작〉의 [(시작) 신호를 받았을 때] 블록 아래에 〈인공지능〉-〈비디오 감지〉의 [비디오 투명도 효과를 (0)으로 정하기]와 [비디오 화면 (보이기)] 블록을 연결해 카메라가 비추는 곳의 화면이 실행 화면에 선명하게 보이도록 합니다.

❷ 〈인공지능〉-〈비디오 감지〉의 [(사물) 인식 (시작하기)]와 [인식된 (사물) (보이기)] 블록을 연결해 사물 인식이 시작되고 인식된 사물이 화면에 나타나게 합니다.

8 계속해서 '속이 빈 사각형 오브젝트'를 선택한 상태에서 다음과 같이 코드를 추가합니다.

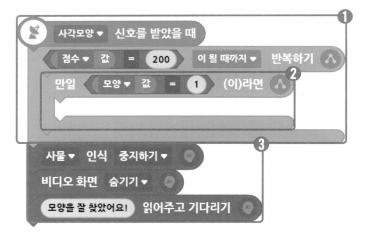

❶ 〈시작〉의 [(사각모양) 신호를 받았을 때] 블록을 가져온 후 〈흐름〉에서 [(참)(이 될 때까지) 반복하기] 블록을 연결합니다. 그리고 (참) 속에 〈판단〉의 [(10)=(10)] 블록을 넣은 후 왼쪽 (10)에는 〈자료〉의 [(점수)값] 블록을 넣고, 오른쪽 (10)에는 (200)을 입력하여 점수가 200점이 될 때까지 반복하도록 합니다.

❷ 다시 〈흐름〉의 [만일 (참)이라면] 블록을 가져온 뒤 (참) 속에 조건을 만들어 줍니다. 모양값이 1일 때, 즉 사각형 모양이 랜덤으로 선택되었을 경우를 판단하기 위해, (참) 속에 〈판단〉의 [(10)=(10)] 블록을 넣은 뒤 왼쪽 (10)에는 〈자료〉의 [(모양)값] 블록을 넣고, 오른쪽 (10)에는 숫자 (1)을 입력합니다. 조건을 만족했을 때 실행할 블록은 잠시 비워 둡니다.

❸ 반복이 끝난 후, 즉 점수가 200점이 되었을 때 반복문에서 빠져나와 사물 인식을 끝내도록 〈인공지능〉-〈비디오 감지〉의 [(사물) 인식 (중지하기)]와 [비디오 화면 (숨기기)] 블록을 연결합니다. 그리고 〈인공지능〉-〈읽어주기〉의 [(엔트리) 읽어주고 기다리기] 블록을 가져와 (엔트리) 대신 (모양을 잘 찾았어요!)를 입력합니다.

❾ 계속해서 과정 ❽의 ❷ 반복하기 블록 안에 다음과 같이 코드를 작성합니다.

❹ 〈생김새〉의 [(안녕)을 말하기] 블록을 가져온 뒤 (안녕) 대신에 (힌트 : 책, 키보드, 핸드폰)을 입력합니다.

❺ 이어서 〈흐름〉의 [만일 (참)이라면, 아니면] 블록을 연결하고 (참) 속에 〈인공지능〉-〈비디오 감지〉의 [사물 중 (책)이 인식되었는가?] 블록을 넣어 줍니다. 조건을 만족했을 때 책이 인식되었음을 말하고 점수를 획득하도록, 〈인공지능〉-〈읽어주기〉의 [(엔트리) 읽어주고 기다리기] 블록과 〈자료〉의 [(점수)에 (100)만큼 더하기] 블록을 넣어 줍니다. 그리고 (엔트리) 대신 (사각형 모양인 책이 인식되었어요.)를 말하도록 합니다.

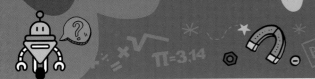

10 이어서 과정 **9**의 아니면 속에도 책 외의 힌트로 제시된 키보드와 핸드폰이 인식된 경우를 같은 원리로 작성합니다.

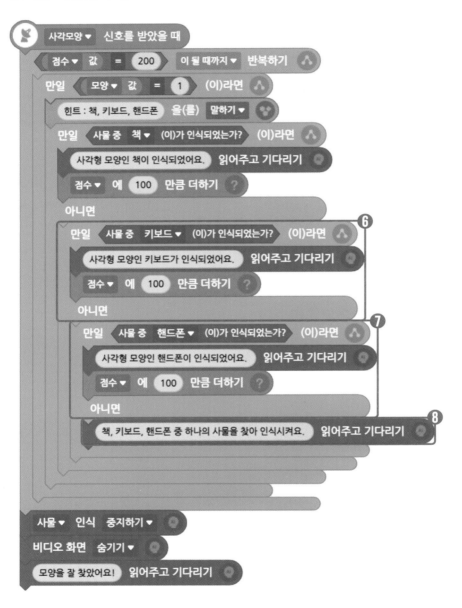

6 〈흐름〉의 [만일 (참)이라면, 아니면] 블록을 연결하고 (참) 속에 〈인공지능〉–〈비디오 감지〉의 [사물 중 (키보드)가 인식되었는가?] 블록을 넣어 줍니다. 조건을 만족했을 때 키보드가 인식되었음을 말하고 점수를 획득하도록, 〈인공지능〉–〈읽어주기〉의 [(엔트리) 읽어주고 기다리기] 블록과 〈자료〉의 [(점수)에 (100)만큼 더하기] 블록을 넣은 뒤, (엔트리) 대신 (사각형 모양인 키보드가 인식되었어요.)를 말하도록 합니다.

7 아니면 아래에 다시 〈흐름〉의 [만일 (참)이라면, 아니면] 블록을 연결하고 (참) 속에 〈인공지능〉 –〈비디오 감지〉의 [사물 중 (핸드폰)이 인식되었는가?] 블록을 넣어 줍니다. 조건을 만족했을

때 핸드폰이 인식되었음을 말하고 점수를 획득하도록, 〈인공지능〉–〈읽어주기〉의 [(엔트리) 읽어
주고 기다리기] 블록과 〈자료〉의 [(점수)에 (100)만큼 더하기] 블록을 넣은 뒤, (엔트리) 대신 (사
각형 모양인 핸드폰이 인식되었어요.)를 말하도록 합니다.

❽ 모든 조건을 만족하지 못했을 경우, 〈인공지능〉–〈읽어주기〉의 [(엔트리) 읽어주고 기다리기] 블
록을 가져와 (엔트리) 대신에 (책, 키보드, 핸드폰 중 하나의 사물을 찾아 인식시켜요.)를 입력해
줍니다.

⓫ 계속해서 '속이 빈 사각형' 오브젝트를 선택한 상태에서 과정 ❽~❿에서 작성한 [(사각모양) 신
호를 받았을 때] 코드를 복사한 뒤 붙여넣기를 하고, ❶~❿까지 표시된 부분만 바꿔 줍니다.

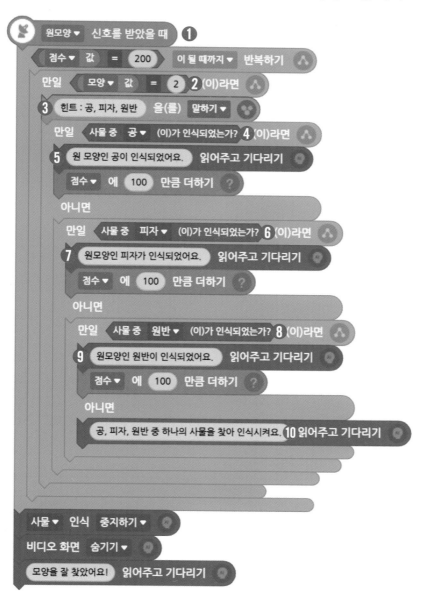

⑫ 프로그램이 완성되었다면 [시작하기] 버튼을 눌러 사물 인식 모양 찾기 놀이를 해 봅시다.

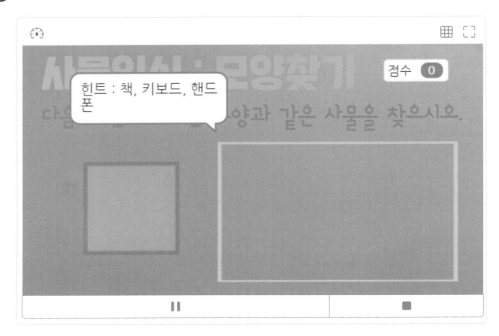

TIP

사물을 인식시킬 때 카메라와의 거리가 너무 멀거나 가까우면
인식이 잘 되지 않습니다. 거리를 조절하며
사물을 인식시켜 보세요.

http://naver.me/5izOh1lO

앱으로 체험하는 사물 인식

사물 인식이란 이미지 데이터에서 찾아내고자 하는 사물을 인식하여 추출하는 기술을 의미합니다. 데이터 라벨링을 통해 미리 학습된 클래스를 바탕으로, 이미지 속의 클래스를 찾아 추출하는 방식입니다. 이는 단순 이미지를 카테고리로 분류하는 이미지 분류(Image Classification)와 이미지의 영역을 찾아내는 물체 위치 인식(Object Localization)보다 한 단계 더 발전된 기술로, 이미지 전체를 한 카테고리로 분류하지 않고 이미지 내의 다양한 물체를 분류하고 물체의 영역을 찾아 줍니다.

엔트리와 같은 프로그램을 활용해 직접 사물 인식을 체험하기가 어렵거나 정해진 사물 외 다양한 사물을 인식하는 놀이를 하고 싶다면 앱 스토어에서 〈이모지 스캐벤저 헌트〉라는 앱을 설치해 보세요. 스마트폰의 카메라를 활용해 아주 손쉽게 사물 인식을 체험할 수 있습니다. 앱을 활용하는 방법은 다음과 같습니다.

① 앱 스토어에서 〈이모지 스캐벤저 헌트〉를 검색합니다.

② 앱을 설치하면 ❶번 화면이 보입니다. 스타트를 눌러 줍니다.

③ 사물 인식이 시작되면서 ❷번 화면처럼 레벨이 나타나고 찾아야 하는 사물 그림과 이름이 보입니다.

④ 제시된 사물을 ❸번 화면처럼 카메라에 비추면 "찾았다(You found it)"라는 메시지가 나타나며 계속해서 레벨이 올라가고 다음 사물이 제시됩니다.

⑤ 앱스토어뿐 아니라 카메라가 있는 PC 또는 노트북에서도 사물 인식 체험을 할 수 있습니다. (https://emojiscavengerhunt.withgoogle.com/)

❶ 스타트 누르기

❷ 사물 확인하기
예 텔레비전

❸ 찾으라는 사물을 카메라에 비추기
예 숟가락, 가위 등

03

Section

도형을 분류해

엔트리의 인공지능 모델 중 이미지 데이터를 활용한 분류 모델을 사용해 인식한 사물이 각기둥인지 각뿔인지 알려 주는 AI 도형 분류 프로그램을 만들어요.

 수업 길잡이

난이도 ★★★★☆
소요시간 30분 이상
학습영역 인공지능과
학습
준비물 PC 또는 노트북,
사이트 주소 알기
(https://playentry.org/)

AI 프로그래밍을 준비해요!

활동 목표
엔트리의 분류 모델을 이해하고 AI 도형
분류 프로그램 만들기

활동 약속
가정에서 각기둥 또는 각뿔 모양의 사물
을 찾아요.

관련 교과를 확인해요!

관련 교과 및 단원
• 5학년 > 2학기 > 수학 > 5. 직육면체 >
  직육면체의 성질을 알아볼까요?
• 6학년 > 1학기 > 수학 > 2. 각기둥과 각뿔 >
  각기둥과 각뿔을 찾아볼까요?
• 6학년 > 2학기 > 실과 > 4. 생활 속 소프트웨어 >
  프로그래밍 요소와 구조
• 초등 인공지능교육 내용체계 > 5–6학년군 >
  인공지능 원리와 활용 > 기계학습의 기초

 **이 활동은**

**인공지능
분류 모델**

각기둥과 각뿔의 이미지 데이터를 활용해 인식된 사물이 각기둥인지 각뿔인지를 분류해 주는 AI 도형 분류 프로그램입니다. '각기둥', '각뿔'이라는 라벨이 달린 데이터를 학습한 뒤 새로운 데이터가 들어왔을 때 그 데이터가 어떤 라벨을 가질지, 즉 각기둥인지, 각뿔인지를 판단합니다. 이렇게 분류 모델은 여러 종류의 라벨을 가진 데이터를 보고 공통으로 발견되는 패턴을 비교하여, 새로운 데이터가 어떤 라벨에 가까운지를 판단합니다.

① 〈인공지능〉 카테고리를 클릭한 후 [인공지능 모델 학습하기] 버튼을 누릅니다.

② 〈학습할 모델 선택하기〉에서 [분류: 이미지] 모델을 선택한 후 [학습하기] 버튼을 클릭합니다.

❸ 모델의 이름은 "입체 도형 분류기"로, 클래스 1의 이름은 "각기둥"으로 정합니다.

❹ 각기둥 클래스 아래에 있는 [업로드]–[파일 올리기] 버튼을 눌러 각기둥 이미지 데이터를 업로드합니다. 각기둥 이미지는 영진닷컴(https://www.youngjin.com/reader/pds/pds.asp) 홈페이지에서 다운로드받은 "영진–수학–도형분류기–데이터셋" 파일 중 각기둥 폴더에 있는 이미지를 활용하거나, 직접 인터넷에서 각기둥 이미지 데이터를 수집해도 좋습니다. 선택한 이미지 파일을 열어 추가합니다.

⑤ 클래스 2의 이름을 "각뿔"로 정하고 각뿔 클래스 아래에 있는 [업로드]–[파일 올리기] 버튼을 눌러 각기둥과 동일한 방법으로 각뿔 이미지 데이터를 선택해 추가합니다.

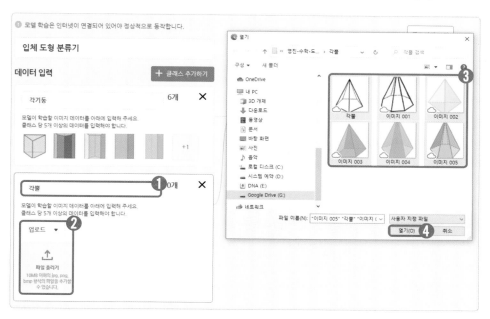

⑥ 학습의 [모델 학습하기] 버튼을 클릭하면 학습 진행 현황을 확인할 수 있습니다.

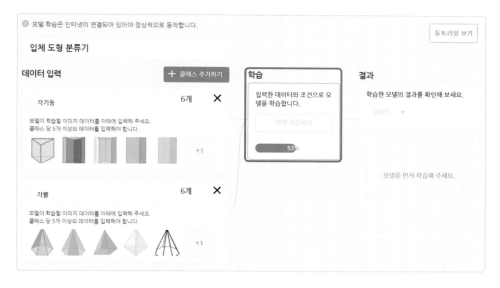

⓻ "학습을 완료했습니다"는 멘트가 나오면 결과에서 업로드 또는 촬영을 선택합니다. 업로드를 선택할 경우 각기둥과 각뿔 이미지 데이터 중 학습하지 않은 새로운 이미지 데이터로 확인하도록 합니다.

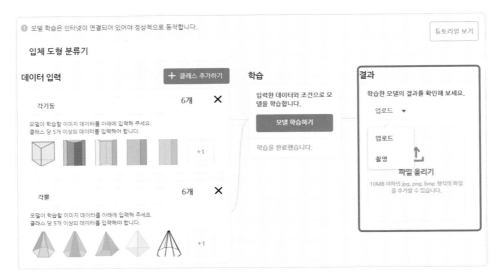

⓼ 예시에서는 촬영을 선택하여 실제 각티슈 상자를 카메라 앞에 두었습니다. 그 결과 각기둥으로 분류되었고 신뢰도가 99.72%로 확인됩니다. 여러분도 집에 있는 각기둥 또는 각뿔 모양의 사물을 인식시켜 인공지능 분류 모델이 무엇으로 판단하는지 확인하도록 합니다. 결과를 확인했다면 [적용하기] 버튼을 눌러 줍니다.

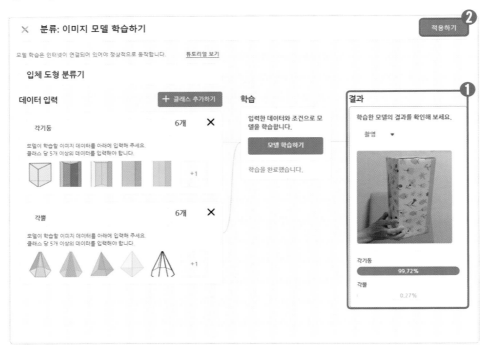

9 기본 오브젝트인 '엔트리봇'은 삭제하고, 오브젝트 추가하기를 눌러 **1** '소놀 연구실' 배경 오브젝트, **2** '소놀 AI 로봇' 오브젝트를 그림처럼 추가합니다.

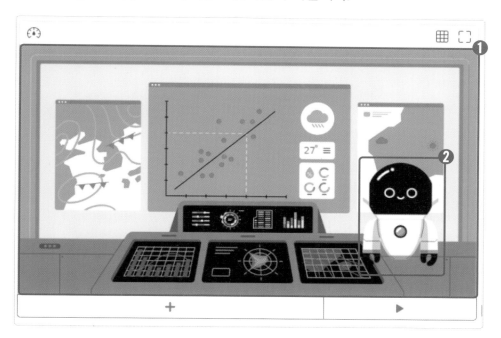

10 〈인공지능〉의 [인공지능 블록 불러오기]에서 〈읽어주기〉 블록을 추가합니다.

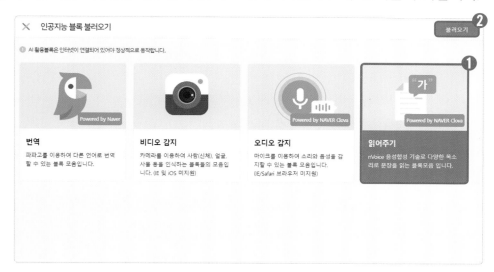

⑪ '소놀 AI 로봇' 오브젝트를 선택한 상태에서 다음과 같이 코드를 작성합니다.

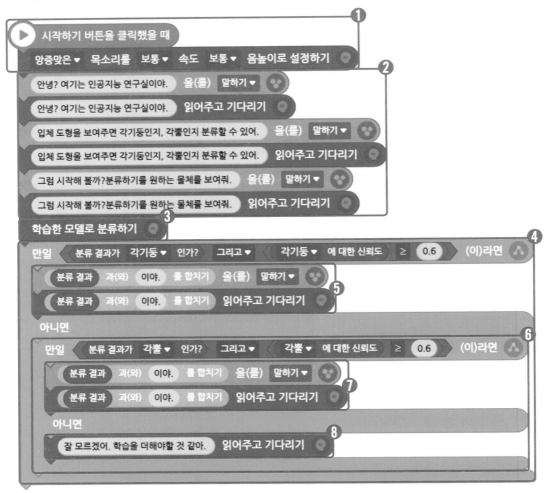

❶ 〈시작〉의 [시작하기 버튼을 클릭했을 때] 블록 아래에 〈인공지능〉–〈읽어주기〉의 [(앙증맞은) 목소리를 (보통) 속도 (보통) 음높이로 설정하기] 블록을 연결합니다.

❷ 〈생김새〉의 [(안녕)을 말하기] 블록과 〈인공지능〉–〈읽어주기〉의 [(엔트리) 읽어주고 기다리기] 블록을 각각 1개씩 3개의 짝을 지어 차례대로 연결합니다. 첫 번째 짝의 (안녕)과 (엔트리)에는 (안녕? 여기는 인공지능 연구실이야.)를, 두 번째 짝의 (안녕)과 (엔트리)에는 (입체 도형을 보여주면 각기둥인지, 각뿔인지 분류할 수 있어.)를, 세 번째 짝의 (안녕)과 (엔트리)에는 (그럼 시작해 볼까? 분류하기를 원하는 물체를 보여줘.)를 입력합니다.

❸ 〈인공지능〉–〈분류: 이미지 모델〉의 [학습한 모델로 분류하기] 블록을 연결해 업로드 또는 촬영으로 보여 주는 사물이 각기둥인지 각뿔인지 분류하도록 합니다.

❹ ⟨흐름⟩의 [만일 (참)이면, 아니면] 블록을 연결하고 (참) 속에 ⟨판단⟩의 [(참) 그리고 (참)] 블록을 넣습니다. 판단 블록 속 첫 번째 (참)에는 ⟨인공지능⟩–⟨분류: 이미지 모델⟩의 [분류 결과가 (각기둥)인가?] 블록을 넣고, 두 번째 (참)에는 다시 ⟨판단⟩의 [(10)=(10)] 블록을 넣습니다. 그리고 첫 번째 (10)에는 ⟨인공지능⟩–⟨분류: 이미지 모델⟩의 [(각기둥)에 대한 신뢰도] 블록을 넣고, 두 번째 (10)에는 (0.6)을 입력합니다. 각기둥이면서 신뢰도가 0.6 이상일 때 참으로 판단하는 조건이며, 이 조건을 만족했을 때 ❺블록을 실행하도록 합니다.

❺ ⟨생김새⟩의 [(안녕)을 말하기] 블록과 ⟨인공지능⟩–⟨읽어주기⟩의 [(엔트리) 읽어주고 기다리기] 블록을 차례대로 연결합니다. (안녕)과 (엔트리)에 ⟨계산⟩의 [(안녕)과 (엔트리)를 합치기] 블록을 넣은 후, 합치기 블록 속 (안녕)에는 ⟨인공지능⟩–⟨분류: 이미지 모델⟩의 [분류 결과] 블록을 넣고 (엔트리)에는 (이야.)를 입력합니다.

❻ 아니면 속에 ⟨흐름⟩의 [만일 (참)이면, 아니면] 블록을 연결하고 (참) 속에 ⟨판단⟩의 [(참) 그리고 (참)] 블록을 넣습니다. 판단 블록 속 첫 번째 (참)에는 ⟨인공지능⟩–⟨분류: 이미지 모델⟩의 [분류 결과가 (각뿔)인가?] 블록을 넣고, 두 번째 (참)에는 다시 ⟨판단⟩의 [(10)=(10)] 블록을 넣습니다. 그리고 첫 번째 (10)에는 ⟨인공지능⟩–⟨분류: 이미지 모델⟩의 [(각뿔)에 대한 신뢰도] 블록을 넣고, 두 번째 (10)에는 (0.6)을 입력합니다. 각뿔이면서 신뢰도가 0.6 이상일 때 참으로 판단하는 조건이며, 이 조건을 만족했을 때 ❼블록을 실행하도록 합니다.

❼ ⟨생김새⟩의 [(안녕)을 말하기] 블록과 ⟨인공지능⟩–⟨읽어주기⟩의 [(엔트리) 읽어주고 기다리기] 블록을 차례대로 연결합니다. (안녕)과 (엔트리)에 ⟨계산⟩의 [(안녕)과 (엔트리)를 합치기] 블록을 넣은 후, 합치기 블록 속 (안녕)에는 ⟨인공지능⟩–⟨분류: 이미지 모델⟩의 [분류 결과] 블록을 넣고 (엔트리)에는 (이야.)를 입력합니다.

❽ 앞의 조건들을 모두 만족하지 않는다면, 즉 각기둥도 각뿔도 아니라면 ⟨인공지능⟩–⟨읽어주기⟩의 [(엔트리) 읽어주고 기다리기] 블록을 연결한 후 (엔트리) 대신 (잘 모르겠어. 학습을 더 해야 할 것 같아.)를 말하도록 합니다.

12 프로그램이 완성되었다면 [시작하기] 버튼을 눌러 각기둥인지, 각뿔인지 분류해 봅시다.

▶ 주위에 있는 사물 중 각기둥 모양을 찾아 인식시켜 봅니다.

▶ 각기둥 모양의 사물을 인식시켰을 때 "각기둥이야."라고 말합니다.

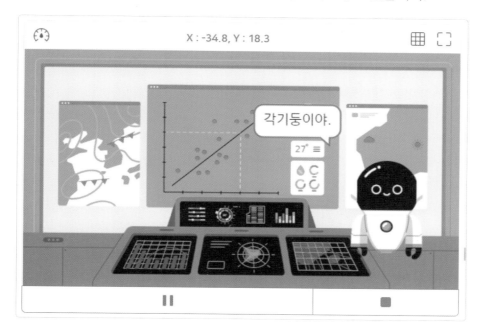

▶ 주위에 있는 사물 중 각뿔 모양을 찾아 인식시켜 봅니다.

▶ 각뿔 모양의 사물을 인식시켰을 때 "각뿔이야."라고 말합니다.

TIP

다양한 입체 도형을 학습시켜 더 많은 도형을 분류하는
응용 프로그램을 만들어 보세요.

http://naver.me/I5FWHcoI

상품의 크기와 특성을 파악하는 인공지능 시스템

각기둥과 각뿔을 분류해내는 인공지능 프로그램을 잘 완성하였나요? 이와 같이 인공지능 기술은 우리 생활 곳곳에서 활용되고 있습니다. 최근에는 물건을 배송하는 공장에서 인공지능의 이미지 인식 기술이 탑재된 센서가 물류센터에 도착한 화물들을 0.1초 만에 판별한다고 합니다. 다양한 크기의 물품 상자를 대형, 중소형, 특이한 모양 등 세 가지로 분류해 각기 다른 컨베이어 벨트로 이동시키는 것입니다. 과거에 사람들이 일일이 하던 작업을 인공지능이 대신하게 되면서 매우 편리해진 사례라 할 수 있습니다.

또한, 인공지능의 이미지 인식 기술은 최종 상품 검수 작업에도 활용되고 있습니다. 기존에는 주문된 내용대로 물품이 상자에 잘 담겼는지 사람이 직접 물품에 바코드를 찍어가며 확인했습니다. 이는 많은 시간과 노동력이 필요한 일입니다. 하지만 최근에는 인공지능이 사람을 대신해, 주문한 물품이 상자에 잘 담겼는지 이미지 인식 기술을 활용해 스스로 확인할 수 있습니다. 상자 여러 개가 함께 담겨 있어 스캔이 어려울 때는 흔들기(Shaking) 기술을 통해 박스 내 물품을 재정리한 뒤 인식해 정확도를 높이기까지 합니다.

이와 같은 산업 현장의 변화로 알 수 있듯이, 물류 자동화가 상당히 진행되었다고 하는 물류센터도 생각보다 사람이 해야 하는 일이 많았었는데, 인공지능 기술이 도입되면서 물류비용, 시간, 노동력까지 상당히 절감하게 된 것입니다. 특히 코로나19처럼 감염병으로 인해 대면 노동이 어려워지는 상황에서 이러한 인공지능 시스템의 도입은 산업 현장에 상당한 도움이 되고 있습니다.

04
Section

짜장면이냐, 짬뽕이냐 메뉴를 추천해

엔트리의 인공지능 모델 중 숫자 데이터를 활용한 분류 모델을 사용해 짜장면 또는 짬뽕 메뉴를 추천해 주는 AI 메뉴 추천 프로그램을 만들어요.

 수업 길잡이

난이도 ★★★★☆
소요시간 30분 이상
학습영역 인공지능과 학습
준비물 PC 또는 노트북, 사이트 주소 알기
(https://playentry.org/)

AI 프로그래밍을 준비해요!

활동 목표
엔트리의 분류 모델을 이해하고 AI 메뉴 추천 프로그램 만들기

활동 약속
숫자 데이터를 활용한 분류 모델의 알고리즘을 기억해요.

관련 교과를 확인해요!

관련 교과 및 단원
• 2학년 > 2학기 > 수학 > 5. 표와 그래프 > 자료를 보고 표로 나타내 볼까요?
• 3학년 > 2학기 > 수학 > 6. 자료의 정리 > 자료를 수집해 표로 나타내 볼까요?
• 6학년 > 2학기 > 실과 > 4. 생활 속 소프트웨어 > 프로그래밍 요소와 구조
• 초등 인공지능교육 내용체계 > 5-6학년군 > 인공지능 원리와 활용 > 기계학습의 기초

 **이 활동은**

인공지능 분류 모델

먼저 짠맛과 단맛의 선호도로 짜장면을 좋아하는 사람과 짬뽕을 좋아하는 사람의 데이터를 2차원의 그래프에 펼쳐 놓습니다. 그리고 알고자 하는 데이터와 인접한 K개의 데이터를 찾아 짜장면을 좋아하는 사람이 많은지 짬뽕을 좋아하는 사람이 많은지를 확인해 다수의 범주로 분류합니다. 이와 같은 방법으로 인공지능을 학습시키는 것을 'KNN' 알고리즘이라 합니다. 즉, 새로운 데이터로부터 거리가 가까운 K개의 다른 데이터의 레이블을 참조하여 분류하는 AI 메뉴 추천 프로그램입니다.

① 〈데이터 분석〉 카테고리를 클릭한 후 [테이블 불러오기] 버튼을 누릅니다.

② "먼저 테이블을 추가해 주세요"라는 메시지가 보입니다. 왼쪽 상단의 [테이블 추가하기] 버튼을 클릭합니다.

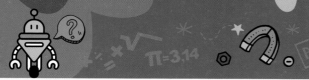

③ 〈파일 올리기〉를 클릭하면 외부 파일을 끌어다 놓거나 [파일 선택] 버튼을 눌러 업로드하라는 메시지가 보입니다. 영진닷컴(https://www.youngjin.com/reader/pds/pds.asp) 홈페이지에서 다운로드한 "영진–수학–음식맛선호도–데이터셋" 파일을 선택합니다.

④ 선택한 데이터가 보이면 [추가하기] 버튼을 클릭합니다. 이 데이터는 임의의 데이터이므로 실제 친구들의 짠맛과 단맛 선호도 또는 짜짱면을 좋아하는지 짬뽕을 좋아하는지를 구분한 데이터를 수집해 활용해도 좋습니다.

⑤ 추가된 데이터를 확인합니다. 단맛 선호도와 짠맛 선호도, 짬뽕을 좋아하는 사람인지, 짜장면을 사람인지 등을 확인할 수 있습니다. [적용하기] 버튼을 클릭합니다.

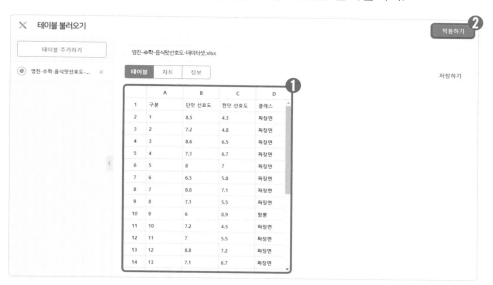

⑥ 데이터를 추가했다면 〈인공지능〉 카테고리를 클릭한 후 [인공지능 모델 학습하기] 버튼을 클릭합니다.

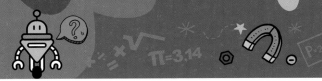

7 ⟨학습할 모델 선택하기⟩에서 [분류: 숫자] 모델을 선택한 후 [학습하기] 버튼을 클릭합니다.

8 모델의 이름을 "메뉴 추천 시스템"으로 입력하고, 앞에서 추가한 "영진–수학–음식맛 선호도–데이터셋"을 선택합니다. 그러면 해당 테이블의 속성인 (구분), (단맛 선호도), (짠맛 선호도)가 보입니다.

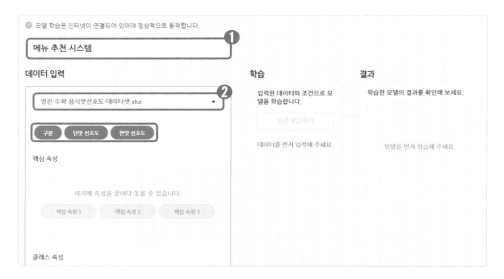

9 ❶핵심 속성을 (단맛 선호도), (짠맛 선호도)로 정하고, ❷클래스 속성을 짬뽕과 짜장면으로 구분하는 (클래스)로 선택합니다. ❸음식맛 선호도 예시 데이터가 총 25개이기 때문에 이웃의 개수는 최대 25개까지 설정할 수 있습니다. 하지만 인접하는 이웃 데이터가 짜장면인지, 짬뽕인지에 따라 새로운 데이터가 짬뽕을 좋아하는 사람인지, 짜장면을 좋아하는 사람인지 분류할 수 있으므로 이웃의 개수가 너무 많거나 적으면 잘못 분류할 수 있습니다. 따라서 예시처럼 5개 정도로 지정해 줍니다. ❹학습의 [모델 학습하기]를 클릭하면 학습이 시작됩니다.

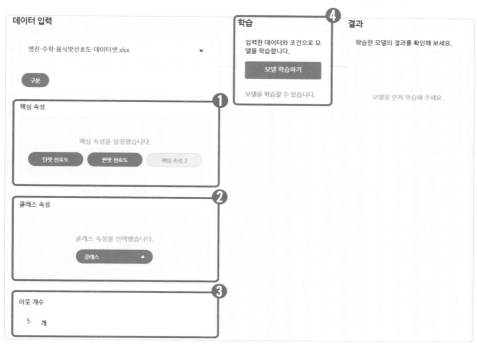

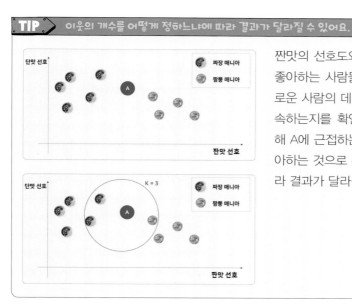

TIP 이웃의 개수를 어떻게 정하느냐에 따라 결과가 달라질 수 있어요.

짠맛의 선호도와 단맛의 선호도로 짜장면을 좋아하는 사람과 짬뽕을 좋아하는 사람들의 데이터를 그래프로 표현한 예시입니다. A라는 새로운 사람의 데이터가 들어왔을 때 이웃하는 데이터들이 어떤 범주에 속하는지를 확인해 A를 분류합니다. 예시에서는 K의 값을 3으로 정해 A에 근접하는 데이터 3개의 범주를 확인한 결과 A는 짜장면을 좋아하는 것으로 분류되었어요. 따라서 K의 값을 어떻게 정하느냐에 따라 결과가 달라질 수도 있어요.

⑩ 학습을 완료했다는 메시지가 나오면 결과를 확인합니다. 단맛의 선호도와 짠맛의 선호도에 0에서 10까지 적절한 예시값을 입력해 짜장면으로 분류하는지, 짬뽕으로 분류하는지 확인해 보세요. 예시에서는 단맛 선호도에 10을, 짠맛 선호도에 5를 입력한 결과, 99.8% 짜장면을 좋아하는 사람으로 분류하고 있습니다. 완료되었다면 [적용하기] 버튼을 클릭합니다.

⑪ 기본 오브젝트인 '엔트리봇'은 삭제하고, 오브젝트 추가하기를 눌러 ❶'부엌(3)' 배경 오브젝트, ❷'요리사(3)', ❸글상자 오브젝트(짜장면), ❹글상자 오브젝트(짬뽕), ❺'짜장면' 오브젝트, ❻(짜장면 쪽) '속이빈원' 오브젝트, ❼'라면' 오브젝트(짬뽕을 대신함), ❽(짬뽕 쪽) '속이빈원' 오브젝트를 그림처럼 추가합니다.

❸ **글상자 오브젝트(짜장면)** : 코딩고딕체, 글자색 검은색, 배경색 흰색

❹ **글상자 오브젝트(짬뽕)** : 코딩고딕체, 글자색 흰색, 배경색 검은색

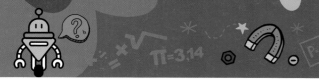
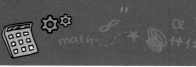

⑫ 속성 탭을 클릭해 코드에 필요한 신호와 변수를 만들어 줍니다.

❶ [신호]를 선택한 뒤 [신호 추가하기] 버튼을 클릭합니다.

❷ "짬뽕"과 "짜장면" 신호를 만들어 줍니다.

❸ [변수]를 선택한 뒤 [변수 추가하기] 버튼을 클릭합니다.

❹ "짠맛 선호도"와 "단맛 선호도" 변수를 만들어 줍니다. 변수가 화면에 보이지 않게 눈을 감은
모양으로 변경합니다.

⑬ 〈인공지능〉 카테고리의 [인공지능 블록 불러오기]에서 〈읽어주기〉를 추가합니다.

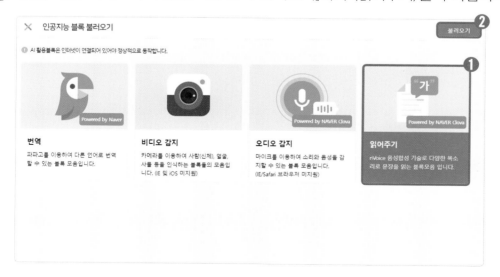

⑭ '요리사(3)' 오브젝트를 선택한 상태에서 다음과 같이 코드를 작성합니다.

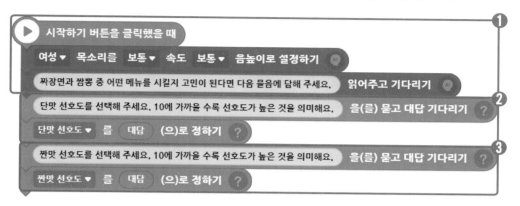

❶ 〈시작〉의 [시작하기 버튼을 클릭했을 때] 블록 아래에 〈인공지능〉–〈읽어주기〉의 [(여성) 목소리를 (보통) 속도 (보통) 음높이로 설정하기] 블록과 [(엔트리) 읽어주고 기다리기] 블록을 차례대로 연결합니다. 그리고 (엔트리) 대신 (짜장면과 짬뽕 중 어떤 메뉴를 시킬지 고민이 된다면 다음 물음에 답해 주세요.)를 입력합니다.

❷ 〈자료〉의 [(안녕)을 묻고 대답 기다리기] 블록을 연결하고, (안녕) 대신 (단맛 선호도를 선택해 주세요. 10에 가까울수록 선호도가 높은 것을 의미해요.)라고 입력합니다. 그리고 그 대답값을 단맛 선호도 변수에 저장할 수 있도록 [(단맛 선호도)를 (10)으로 정하기] 블록을 연결한 후, (10) 자리에 〈자료〉의 [대답] 블록을 넣습니다.

❸ 마찬가지로 〈자료〉의 [(안녕)을 묻고 대답 기다리기] 블록을 하나 더 연결하고, (안녕) 대신 (짠맛 선호도를 선택해 주세요. 10에 가까울수록 선호도가 높은 것을 의미해요.)라고 입력합니다. 그리고 그 대답값을 짠맛 선호도 변수에 저장할 수 있도록 [(짠맛 선호도)를 (10)으로 정하기] 블록을 연결한 후, (10) 자리에 〈자료〉의 [대답] 블록을 넣습니다.

⑮ 계속해서 코드를 연결합니다.

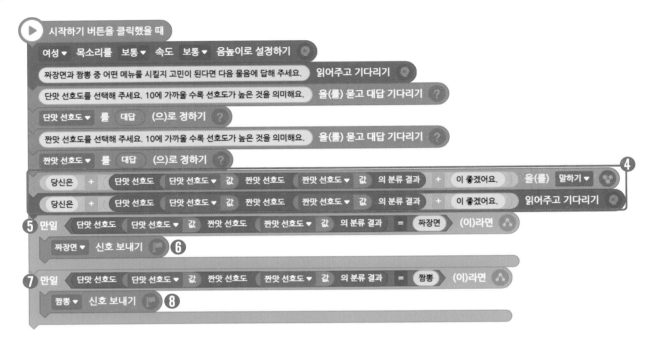

❹ 〈생김새〉의 [(안녕)을 말하기] 블록과 〈인공지능〉-〈읽어주기〉의 [(엔트리) 읽어주고 기다리기]
블록을 연결하고, (안녕)과 (엔트리) 속에 〈계산〉의 [(10)+(10)] 블록을 2개 가져와 연결해 줍니
다. 첫 번째 (10)에는 "당신은"을 입력하고, 세 번째 (10)에는 "이 좋겠어요."를 입력합니다. 그리
고 두 번째 (10)에는 〈인공지능〉-〈분류: 숫자 모델〉의 [단맛 선호도 (10) 짠맛 선호도 (10)의 분류
결과] 블록을 넣고 다시 이 블록의 첫 번째 (10)에는 〈자료〉의 [(단맛 선호도)값] 블록을, 두 번째
(10)에는 〈자료〉의 [(짠맛 선호도)값] 블록을 넣어 줍니다.

❺ 〈흐름〉의 [만일 (참)이라면] 블록을 연결하고, (참)에 〈판단〉의 [(10)=(10)] 블록을 넣습니다. 판단 블
록 속 첫 번째 (10)에는 〈인공지능〉-〈분류: 숫자 모델〉의 [단맛 선호도 (10) 짠맛 선호도 (10)의 분류
결과] 블록을 넣고 다시 이 블록의 첫 번째 (10)에는 〈자료〉의 [(단맛 선호도)값] 블록을, 두 번째
(10)에는 〈자료〉의 [(짠맛 선호도)값] 블록을 넣어 줍니다. 마지막 (10)에는 (짜장면)을 입력합니다.

❻ 이 값이 참일 때, 즉 분류 결과가 짜장면이라면 짜장면 신호를 보낼 수 있도록 〈시작〉의 [(짜장면)
신호 보내기] 블록을 넣어 줍니다.

❼ 〈흐름〉의 [만일 (참)이라면] 블록을 하나 더 연결하고, (참)에 〈판단〉의 [(10)=(10)] 블록을 넣습니다.
판단 블록 속 첫 번째 (10)에는 〈인공지능〉-〈분류: 숫자 모델〉의 [단맛 선호도 (10) 짠맛 선호도
(10)의 분류 결과] 블록을 넣고 다시 이 블록의 첫 번째 (10)에는 〈자료〉의 [(단맛 선호도)값] 블록
을, 두 번째 (10)에는 〈자료〉의 [(짠맛 선호도)값] 블록을 넣어 줍니다. 마지막 (10)에는 (짬뽕)을 입
력합니다.

⑧ 이 값이 참일 때, 즉 분류 결과가 짬뽕이라면 짬뽕 신호를 보낼 수 있도록 〈시작〉의 [(짬뽕) 신호 보내기] 블록을 넣어 줍니다.

⑯ '요리사(3)' 오브젝트를 선택한 상태에서 코드를 하나 더 추가합니다. 오브젝트를 클릭했을 때 모델 차트 창이 실행 화면에 보이도록, 〈시작〉의 [오브젝트를 클릭했을 때] 블록을 가져온 다음, 〈인공지능〉-〈분류: 숫자 모델〉의 [모델 차트 창 (열기)] 블록을 연결합니다.

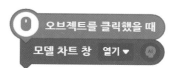

⑰ (짜장면 쪽) '속이빈원' 오브젝트를 선택한 상태에서 소리 탭으로 가서 [소리 추가하기] 버튼을 누릅니다.

18 소리 추가하기 페이지의 우측 상단 검색창에 "딩동댕"을 검색합니다. '딩동댕' 소리를 선택하고 [추가하기] 버튼을 클릭합니다.

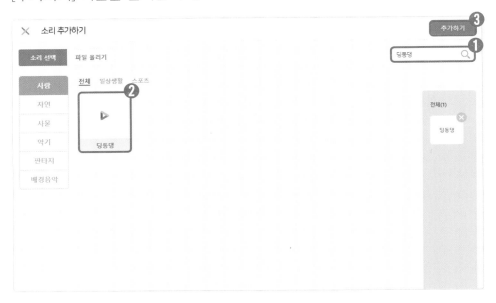

19 (짜장면 쪽) '속이빈원' 오브젝트를 선택한 후 다음과 같이 코드를 작성합니다.

❶ 〈시작〉의 [시작하기 버튼을 클릭했을 때] 블록을 가져온 후 〈생김새〉의 [모양 숨기기] 블록을 연결해 처음 프로그램이 시작되었을 때 오브젝트가 보이지 않게 합니다.

❷ 〈시작〉의 [(짜장면) 신호를 받았을 때] 블록을 가져온 후 〈생김새〉의 [모양 보이기] 블록을 연결해 신호를 받았을 때 오브젝트가 보이게 합니다. 그리고 〈소리〉의 [소리 (딩동댕) 재생하기] 블록을 연결합니다.

20 (짬뽕 쪽) '속이빈원' 오브젝트를 선택한 후 다음과 같이 코드를 작성합니다.

❶ 〈시작〉의 [시작하기 버튼을 클릭했을 때] 블록을 가져온 후 〈생김새〉의 [모양 숨기기] 블록을 연결해 처음 프로그램이 시작되었을 때 오브젝트가 보이지 않게 합니다.

❷ 〈시작〉의 [(짬뽕) 신호를 받았을 때] 블록을 가져온 후 〈생김새〉의 [모양 보이기] 블록을 연결해 신호를 받았을 때 오브젝트가 보이게 합니다. 그리고 〈소리〉의 [소리 (딩동댕) 재생하기] 블록을 연결합니다.

★ 각 오브젝트에 소리 블록을 사용하려면 오브젝트마다 필요한 소리를 추가해 주어야 합니다. (짬뽕 쪽) '속이빈원' 오브젝트에도 '딩동댕' 소리를 먼저 추가한 뒤 〈소리〉 카테고리에서 [소리 (딩동댕) 재생하기] 블록을 사용합니다.

21 프로그램이 완성되었다면 [시작하기] 버튼을 눌러 메뉴 추천을 받아봅시다. 예시에서는 단맛에 대한 선호도를 "7"로 입력했어요.

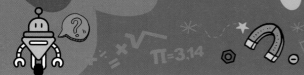

▶ 예시에서는 짠맛에 대한 선호도를 "5"로 입력했어요.

▶ "당신은 짜장면이 좋겠어요"라는 추천을 받았어요.

▶ '요리사(3)' 오브젝트를 클릭하면 모델 차트 창이 나타납니다.

▶ 모델 차트 창을 분석하면 다음과 같습니다. 현재 가로축이 단맛 선호도를, 세로축이 짠맛 선호도를 나타냅니다. 하늘색 점들이 짜장면을 좋아하는 사람들의 데이터이며 주황색 점들은 짬뽕을 좋아하는 사람들의 데이터입니다. 새로 입력한 데이터값이 단맛 7, 짠맛 5이므로 까만색 점 정도에 위치하게 되고, 이렇게 입력된 새로운 데이터에 인접한 이웃 데이터 5개는 모두 짜장면을 좋아하는 사람들 데이터입니다. 따라서 새로 입력한 데이터 역시 짜장면을 좋아하는 사람으로 분류된 것입니다.

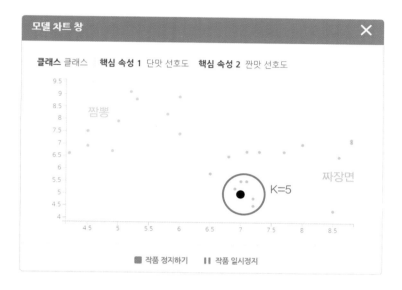

모델 차트 창

클래스 클래스 | **핵심 속성 1** 단맛 선호도 | **핵심 속성 2** 짠맛 선호도

짬뽕

짜장면

K=5

■ 작품 정지하기 ❚❚ 작품 일시정지

TIP

이웃의 개수를 달리하거나 단맛, 짠맛 선호도 데이터를
더 많이 수집한 데이터로 학습했을 때 결과가
어떻게 달라지는지 확인해 보세요.

http://naver.me/GZASb5dx

자비스가 나에게도 있다면

추천 시스템이란 콘텐츠의 내용에 기반하거나 사람들의 행동을 모은 후 전문적인 알고리즘을 활용해 사람들에게 콘텐츠를 추천하는 시스템을 말합니다. 이런 추천 시스템을 사용하는 이유는 콘텐츠를 추천해 줌으로써 검색 등에 허비되는 시간을 단축할 수 있고, 예측하지 못한 콘텐츠를 접하게 함으로써 사용자가 선택하는 콘텐츠의 폭을 넓혀 줄 수 있기 때문입니다.

콘텐츠 기반 필터링은 대표적인 추천 시스템 알고리즘 중 하나로, 말 그대로 콘텐츠만으로 추천을 하는 알고리즘입니다. 예를 들어 유튜브에서 내가 본 영상과 가장 유사한 B를 추천하는 것이 바로 콘텐츠 기반 알고리즘에 의한 것입니다. 비슷한 예로 11번가와 같은 쇼핑몰에서 내가 어떤 옷을 주문했는데 이와 비슷하게 생긴 옷들이 밑에 나열되는 경우도 이와 같은 알고리즘의 예입니다.

협업 필터링은 사람들의 행동을 모아서 나랑 가장 유사한 사람을 찾아 주거나 아이템을 찾아 주는 방식입니다. 쉽게 말해 유저 기반의 협업 필터링은 A라는 사람과 가장 유사한 사람은 B이며 A가 안 본 B의 아이템을 추천해 주는 방식입니다. 따라서 엉뚱한 콘텐츠를 추천할 수도 있지만, 코드가 맞는 사람의 영상이라든지 제품을 볼 수 있기 때문에 사람의 행동반경을 크게 넓힐 수 있습니다.

영화 아이언맨을 보면 인공지능 비서 자비스가 주인공의 요구에 무엇이든 척척 추천해 주거나 주인공에게 필요한 것을 주인공이 말을 하지 않아도 알아서 해결해 주곤 합니다. 이 정도로 인공지능 기술이 발전하기가 쉽지는 않겠지만 훗날 이런 인공지능 추천 시스템이 있다면 참 유용하겠지요?

05
Section

몸무게를 예측해

엔트리의 인공지능 모델 중 숫자 데이터를 활용한 예측 모델을 사용해 키에 따른 몸무게를 알아보는 AI 몸무게 예측 프로그램을 만들어요.

 수업 길잡이

난이도 ★★★★☆
소요시간 30분 이상
학습영역 인공지능과
학습
준비물 PC 또는 노트북,
사이트 주소 알기
(https://playentry.org/)

AI 프로그래밍을 준비해요!

활동 목표
엔트리의 예측 모델을 이해하고 AI 몸무게 예측 프로그램 만들기

활동 약속
자료 수집에서 프로그램 완성까지 스스로의 힘으로 해요.

관련 교과를 확인해요!

관련 교과 및 단원
• 3학년 > 2학기 > 수학 > 5. 들이와 무게 >
  무게를 어림하고 재어 볼까요?
• 6학년 > 1학기 > 수학 > 5. 여러 가지 그래프 >
  그래프를 해석해 볼까요?
• 6학년 > 2학기 > 실과 > 4. 생활 속 소프트웨어 >
  프로그래밍 요소와 구조
• 초등 인공지능교육 내용체계 > 5–6학년군 >
  인공지능 원리와 활용 > 기계학습의 기초

이 활동은

**인공지능
예측 모델**

같은 학년 친구들의 키와 몸무게 데이터를 활용해 키에 따른 몸무게의 값을 예측하는 AI 몸무게 예측 프로그램입니다. 키와 몸무게 데이터를 펼쳐 놓고 이를 가장 잘 설명할 수 있는 선을 하나 그어 놓으면, 특정인의 키를 바탕으로 몸무게를 예측할 수 있습니다. 이와 같은 방법으로 인공지능을 학습시키는 것을 '선형회귀' 알고리즘이라 합니다. 즉, 친구들의 키값을 핵심 속성으로 삼아 예측 속성인 몸무게값을 찾아낼 수 있습니다.

❶ 〈데이터 분석〉 카테고리를 클릭한 후 [테이블 불러오기] 버튼을 누릅니다.

❷ "먼저 테이블을 추가해 주세요"라는 메시지가 보입니다. 왼쪽 상단에서 [테이블 추가하기] 버튼을 클릭합니다.

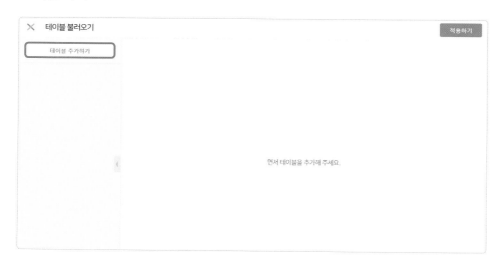

❸ 〈파일 올리기〉를 클릭하면 외부 파일을 끌어다 놓거나 [파일 선택] 버튼을 눌러 업로드하라는 메시지가 보입니다. 영진닷컴(https://www.youngjin.com/reader/pds/pds.asp) 홈페이지에서 다운로드한 "영진–수학–몸무게예측–데이터" 파일을 선택합니다.

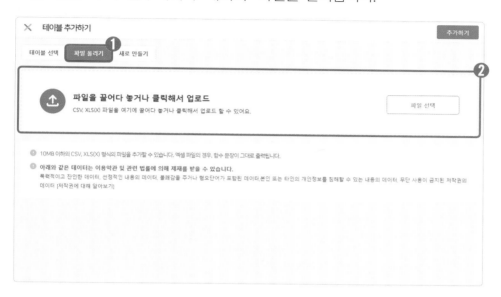

❹ 선택한 데이터가 보이면 [추가하기] 버튼을 클릭합니다. 이 데이터는 임의의 데이터이므로 실제 친구들의 키와 몸무게 데이터를 수집해 활용해도 좋습니다.

⑤ 추가된 데이터를 확인한 뒤 [적용하기] 버튼을 클릭합니다.

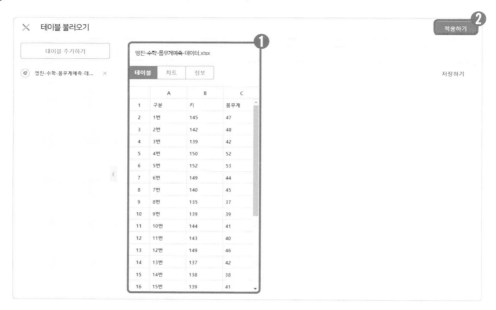

⑥ 데이터를 추가했다면 〈인공지능〉 카테고리를 클릭한 후 [인공지능 모델 학습하기] 버튼을 클릭합니다.

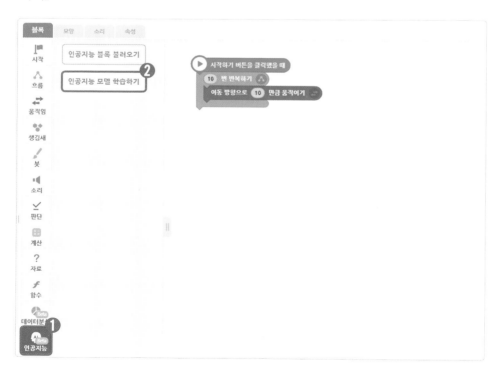

⑦ 〈학습할 모델 선택하기〉에서 [예측: 숫자] 모델을 선택한 후 [학습하기] 버튼을 클릭합니다.

⑧ 모델의 이름을 "몸무게 예측 모델"로 정하고, 앞에서 추가한 "영진–수학–몸무게예측–데이터"를 선택합니다. 그러면 해당 테이블의 속성인 (구분), (키), (몸무게)가 보입니다.

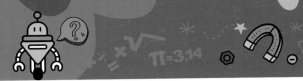

9 ❶ 핵심 속성을 (키)로 정하고, ❷ 예측 속성을 (몸무게)로 선택한 뒤 ❸ 학습의 [모델 학습하기]를 클릭하면 ❹ 학습한 모델의 결과를 확인할 수 있습니다.

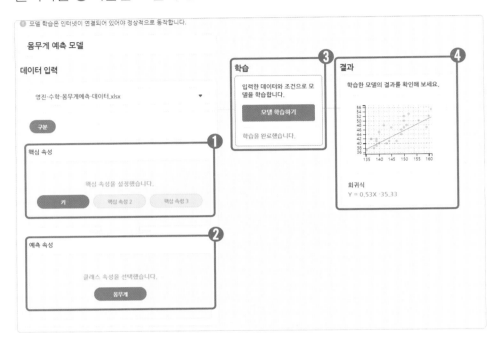

⑩ 학습을 완료했다면 다음을 확인합니다.

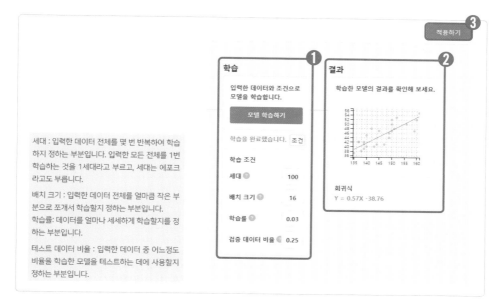

세대 : 입력한 데이터 전체를 몇 번 반복하여 학습하지 정하는 부분입니다. 입력한 모든 전체를 1번 학습하는 것을 1세대라고 부르고, 세대는 에포크라고도 부릅니다.

배치 크기 : 입력한 데이터 전체를 얼마큼 작은 부분으로 쪼개서 학습할지 정하는 부분입니다.

학습률: 데이터를 얼마나 세세하게 학습할지를 정하는 부분입니다.

테스트 데이터 비율 : 입력한 데이터 중 어느정도 비율을 학습한 모델을 테스트하는 데에 사용할지 정하는 부분입니다.

❶ [모델 학습하기] 아래에 "학습을 완료했습니다"를 클릭하면 세대, 배치 크기, 학습률, 검증 데이터 비율과 같은 학습 조건이 나타납니다. 예측선과 데이터가 많이 어긋나 있다면 학습 조건을 바꿔 더 정확한 예측선을 찾을 수 있도록 합니다. 학습 조건이 같더라도 세대값이 작으면 모델 학습을 할 때마다 회귀식이 많이 달라질 수 있습니다. 충분히 학습할 수 있도록 적당한 세대값을 입력해 줍니다. 단, 세대값이 너무 크면 시간이 오래 걸릴 수 있으므로 적절한 값을 찾는 것이 중요합니다.

❷ 숫자 데이터를 활용한 예측 모델은 테이블의 숫자 데이터를 핵심 속성으로 삼아 예측 속성을 찾아내는 "선형회귀" 알고리즘을 사용합니다. 선형회귀란, 가장 기본적이고 널리 사용하고 있는 기계학습 알고리즘의 하나로 독립변수 X에 따라 달라지는 종속변수 Y의 값을 예측할 수 있는 선(일차함수식)을 긋는 것이 핵심입니다.

❸ 학습이 완료되었다면 [적용하기] 버튼을 클릭합니다.

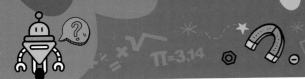

⑪ 기본 오브젝트인 '엔트리봇'은 삭제하고, 오브젝트 추가하기를 눌러 ❶'비행기를 탄 모습', ❷글상자 오브젝트(몸무게를 예측해)를 그림처럼 추가합니다.

❷ **글상자 오브젝트(몸무게를 예측해)** : 어비마이센체, 글자색 보라색, 배경색 없음

⑫ 속성 탭을 클릭해 코드에 필요한 신호를 만들어 줍니다.

❶ [신호]를 선택한 뒤 [신호 추가하기] 버튼을 클릭합니다.

❷ "차트창열기" 신호를 만들어 줍니다.

13 〈인공지능〉의 [인공지능 블록 불러오기]에서 〈읽어주기〉 블록을 추가합니다.

14 '비행기를 탄 모습' 오브젝트를 선택한 상태에서 다음과 같이 코드를 작성합니다.

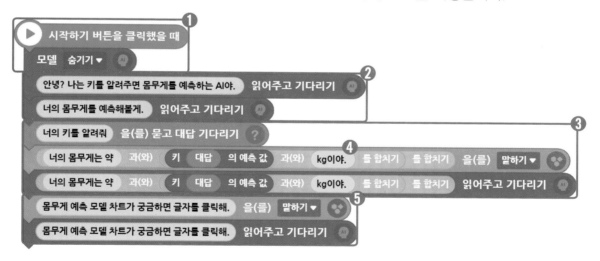

1 〈시작〉의 [시작하기 버튼을 클릭했을 때] 블록 아래에 〈인공지능〉–〈예측: 숫자 모델〉의 [모델 (숨기기)] 블록을 연결해 실행 화면에 모델이 보이지 않게 합니다.

2 〈인공지능〉–〈읽어주기〉의 [(엔트리) 읽어주고 기다리기] 블록을 2개 연결합니다. 첫 번째 (엔트리) 속에는 (안녕? 나는 키를 알려주면 몸무게를 예측하는 AI야.)라고 입력하고 두 번째 (엔트리) 속에는 (너의 몸무게를 예측해볼게.)를 입력합니다.

❸ 〈자료〉의 [(안녕)을 묻고 대답 기다리기] 블록을 연결한 뒤 (안녕) 대신에 (너의 키를 알려줘.)를 입력합니다. 그리고 〈생김새〉의 [(안녕)을 말하기] 블록과 〈인공지능〉–〈읽어주기〉의 [(엔트리) 읽어주고 기다리기] 블록을 차례대로 연결한 뒤 (안녕)과 (엔트리) 대신 과정 ❹의 블록을 넣어 줍니다.

❹ (안녕)과 (엔트리) 자리에 〈계산〉의 [(안녕)과 (엔트리)를 합치기] 블록을 2개 가져와 연결합니다. 첫 번째 (안녕)에는 (너의 몸무게는 약)을 입력하고, 두 번째 (안녕)에는 〈인공지능〉–〈예측: 숫자 모델〉의 [키 (10)의 예측값] 블록을 넣은 뒤 (10)에는 〈자료〉의 [대답] 블록을 넣어 줍니다. 그리고 마지막 (엔트리) 속에 (kg이야.)를 입력합니다.

❺ 〈생김새〉의 [(안녕)을 말하기] 블록과 〈인공지능〉–〈읽어주기〉의 [(엔트리) 읽어주고 기다리기] 블록을 차례로 연결한 뒤 (안녕)과 (엔트리) 속에 (몸무게 예측 모델 차트가 궁금하면 글자를 클릭해.)를 입력합니다.

⓯ 글상자 오브젝트(몸무게를 예측해)를 선택한 상태에서 다음과 같이 코드를 작성합니다.

 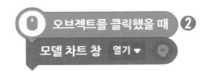

❶ 〈시작〉의 [시작하기 버튼을 클릭했을 때] 블록 아래에 〈글상자〉의 [텍스트에 (가로줄) 효과 (켜기)]를 연결해 글자에 효과를 줍니다.

❷ 〈시작〉의 [오브젝트를 클릭했을 때] 블록을 가져온 뒤 〈인공지능〉–〈예측: 숫자 모델〉의 [모델 차트 창 (열기)] 블록을 연결합니다. 글상자를 클릭했을 때 모델 차트 창을 확인할 수 있습니다.

16 프로그램이 완성되었다면 [시작하기] 버튼을 눌러 몸무게를 예측해 봅시다. 자신의 키 또는 임의의 키값을 입력합니다. 예시에서는 150을 입력하였습니다.

▶ 약 46.99kg이라고 예측값이 나왔습니다. 학습한 데이터가 임의의 6학년 남학생들의 몸무게 데이터이므로 실제값과 예측이 다를 수 있습니다.

◉ 몸무게 예측 모델 차트가 궁금하면 글자를 클릭하라는 멘트가 나옵니다. 글상자 오브젝트(몸무게를 예측해)를 클릭합니다.

◉ 인공지능 예측 모델 차트 창을 확인할 수 있습니다.

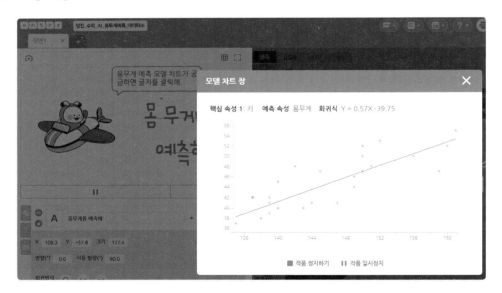

TIP

학습시키는 데이터의 양이 많고 데이터의 품질이 좋을수록
보다 정확한 예측값을 얻을 수 있습니다. 키와 몸무게 데이터의 경우,
같은 학년 친구들의 키와 몸무게를 수집하되 지나치게 키와
몸무게값이 크거나 작은 친구들의 데이터값은 제외하는 것이
정확도를 높이는 데에는 도움이 됩니다.

http://naver.me/xkxwN5RJ

읽을거리 인공지능으로 예측해 보는 수술

　큰 수술을 해 본 적이 있나요? 만약 그 수술이 성공적으로 이루어질 것인지 예측해 볼 수 있다면 우리는 큰 수술을 할 것인지, 말 것인지를 결정할 때 크게 도움을 받을 수 있습니다. 최근 인공지능 기술의 발전은 환자에게 최적화된 맞춤형 진단이나 수술을 제안하는 수준에까지 이르고 있습니다.

　대표적인 예가 바로 AI 시력 교정 예측 시스템입니다. 이 시스템은 25년 동안 축적된 시력 교정술 데이터와 머신러닝 기술을 결합해 수술의 가능 여부, 추천 수술법, 수술 후 예상 시력 등을 예측할 수 있습니다. 98%의 정확도로 수술 가능 여부 진단이 가능하며 모든 시력 교정 수술이 가능한 눈의 경우 각 수술별 교정시력까지 예측해 환자들에게 최적화된 수술법을 제안할 수 있다고 합니다.

　이와 같은 인공지능의 예측 기술이 우리 생활에 도움을 주는 사례가 또 있습니다. 인공지능 기반의 도로포장 분석 및 예측 시스템은 도로의 포장 상태 및 공간 데이터 등을 학습해 현재 도로포장 상태를 자동으로 분석 평가하여 우선 보수해야 하는 곳을 추천해 주고, 최적의 보수 공법을 제안할 뿐 아니라 향후 파손, 균열 가능성까지 예측해 예산 규모를 도출하는 데도 도움이 된다고 합니다.

　간단하게 만들어 보았지만 본 챕터의 키 데이터를 활용한 몸무게 예측 프로그램 역시 건강관리를 할 때나 식단 조절이 필요할 때 유용하게 이용할 수 있습니다. 이처럼 인공지능의 예측 능력을 잘 활용한다면 우리 생활에 보다 많은 도움이 될 수 있겠죠?

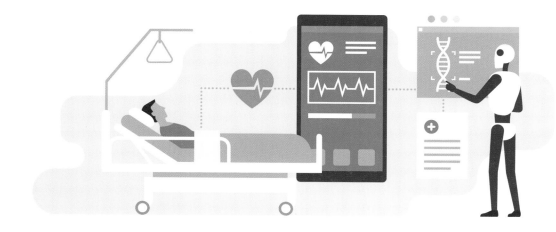

06
Section

좋아하는 운동 종목이 궁금해!

엔트리의 데이터 분석 블록을 활용해 수집한 데이터를 막대 그래프로 표현하고,
이를 읽는 능력을 키워 보는 AI 좋아하는 운동 통계 프로그램을 만들어요.

 수업 길잡이

난이도 ★★★☆☆
소요시간 30분 이상
학습영역 인공지능과
데이터 분석
준비물 PC 또는 노트북,
사이트 주소 알기
(https://playentry.org/)

AI 프로그래밍을 준비해요!

활동 목표
데이터 분석 블록을 알고 AI 좋아하는 운
동 통계 프로그램 만들기

활동 약속
직접 데이터를 입력하는 연습을 해요.

관련 교과를 확인해요!

관련 교과 및 단원
• 4학년 > 1학기 > 수학 > 5. 막대 그래프 >
  자료를 조사하여 막대 그래프를 그려 볼까요?
• 6학년 > 2학기 > 실과 > 4. 생활 속 소프트웨어 >
  프로그래밍 요소와 구조
• 초등 인공지능교육 내용체계 > 5–6학년군 >
  인공지능과 데이터 > 데이터 수집 및 시각화

 **이 활동은**

데이터 분석
(데이터 수집
및 시각화)

엔트리의 데이터 분석 블록을 활용해 수집한 데이터를 직접 입력하고, 이를 활용해 친구들이 좋아하
는 운동 종목을 막대 그래프로 시각화한 후 그래프를 읽어 보는 AI 좋아하는 운동 통계 프로그램입
니다. 이를 통해 인공지능의 원재료가 되는 데이터를 수집하고 시각화하는 방법, 나아가 시각화된 데
이터를 읽는 방법을 연습할 수 있습니다.

① 〈데이터 분석〉 카테고리를 클릭한 후 [테이블 불러오기] 버튼을 누릅니다.

② "먼저 테이블을 추가해 주세요"라는 메시지가 보입니다. 왼쪽 상단에서 [테이블 추가하기] 버튼을 클릭합니다.

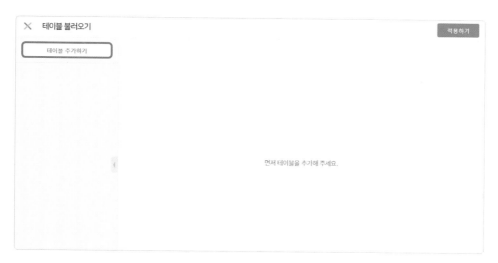

③ 테이블을 추가할 수 있는 방법으로 엔트리 내부에 있는 데이터를 활용하는 〈테이블 선택〉과 외부 파일을 추가하는 〈파일 올리기〉 그리고 직접 데이터를 입력하는 〈새로 만들기〉가 보입니다.

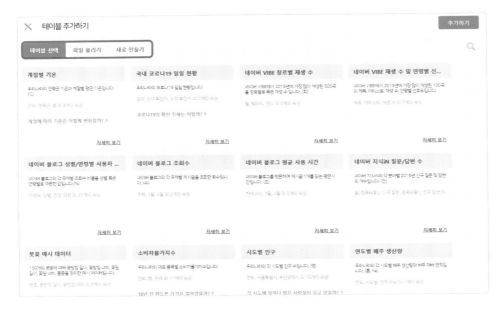

④ 〈새로 만들기〉를 클릭하면 "테이블 새로 만들기: 데이터를 직접 입력해 나만의 테이블을 만들 수 있어요"라는 메시지가 보입니다. 오른쪽의 [테이블 새로 만들기] 버튼을 클릭합니다.

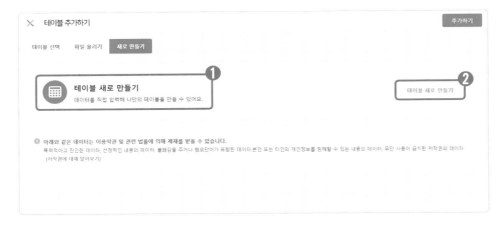

⑤ 다음과 같이 테이블을 만듭니다.

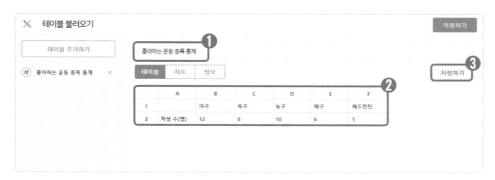

❶ 테이블의 이름을 "좋아하는 운동 종목 통계"라고 입력합니다.

❷ A, B, C로 시작되는 열과 1, 2, 3으로 시작하는 행이 보입니다.

    ▶ B열의 1행에는 야구, C열의 1행에는 축구, D열의 1행에는 농구, E열의 1행에는 배구, F열의 1행에는 배드민턴을 각각 입력해 줍니다.

    ▶ A열의 2행에는 학생 수(명)이라고 입력하고, B열의 2행에는 12, C열의 2행에는 8, D열의 2행에는 10, E열의 2행에는 6, F열의 2행에는 5를 각각 입력합니다.

    ▶ 이 테이블은 좋아하는 운동 종목과 학생 수를 임의로 넣은 것이므로, 실제로 좋아하는 운동 종목과 친구들의 수를 설문 조사하고 그 값을 이용하도록 합니다.

❸ 입력이 완료되면 [저장하기] 버튼을 클릭합니다.

⑥ 〈차트〉를 클릭하면 "차트를 먼저 추가해 주세요"라는 메시지가 보입니다. [+] 버튼을 클릭합니다. 막대, 선, 원, 점, 히스토그램 중 〈막대〉를 선택합니다.

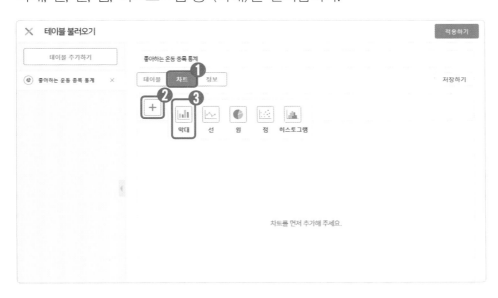

⑦ 차트 이름을 ≪좋아하는 운동 종목 통계 그래프≫라고 입력합니다. 가로축은 "순서"를 선택하고, 계열은 "모두"를 선택하면 막대 그래프가 나타납니다. 그래프를 확인하고 [저장하기]를 클릭합니다.

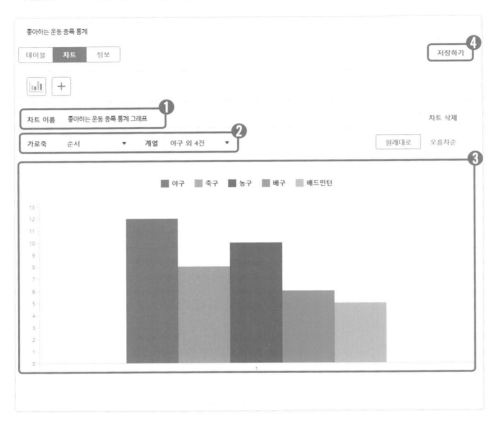

⑧ 완성된 막대 그래프를 살펴봅니다. ❶은 세로축으로 학생(수)를 의미하고 ❷는 계열로 좋아하는 운동 종목을 표현합니다. ❸은 예를 들어 농구의 경우, 10명의 친구들이 좋아한다는 의미입니다.

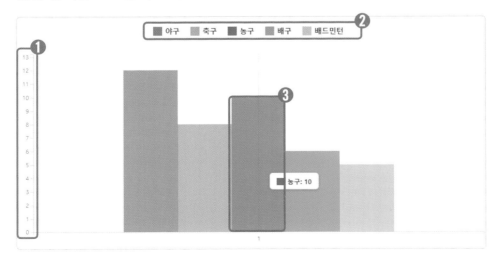

9 테이블 불러오기 창을 닫으면 본래의 화면에서 데이터 분석 블록이 추가된 것을 확인할 수 있습니다.

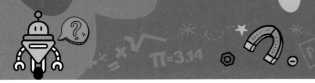

⑩ 기본 오브젝트인 '엔트리봇'은 삭제하고 **❶** '운동장' 배경 오브젝트, **❷** 글상자 오브젝트(좋아하는 운동 종목이 궁금해!), **❸** '축구공' 오브젝트, **❹** '축구선수' 오브젝트를 그림처럼 추가합니다.

❷ 글상자 오브젝트(좋아하는 운동 종목이 궁금해!) : 어비마이센체, 글자색 진보라색, 배경색 없음

⑪ 속성 탭을 클릭해 코드에 필요한 신호를 만들어 줍니다.

❶ [신호]를 선택한 뒤 [신호 추가하기] 버튼을 클릭합니다.
❷ 신호의 이름을 "그래프 질문 시작"이라고 입력합니다.

⑫ 〈인공지능〉의 [인공지능 블록 불러오기]에서 〈읽어주기〉 블록을 추가합니다.

⑬ '축구선수' 오브젝트를 선택한 상태에서 다음과 같이 코드를 작성합니다.

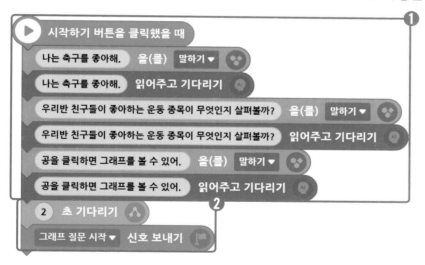

❶ 〈시작〉의 [시작하기 버튼을 클릭했을 때] 블록 아래에 〈생김새〉의 [(안녕)을 말하기] 블록과 〈인공지능〉–〈읽어주기〉의 [(엔트리) 읽어주고 기다리기] 블록을 각각 3개씩 가져와 짝을 만들어 줍니다. 첫 번째 짝의 (안녕)과 (엔트리)에는 (나는 축구를 좋아해.)를 입력하고, 두 번째 짝의 (안녕)과 (엔트리)에는 (우리반 친구들이 좋아하는 운동 종목이 무엇인지 살펴볼까?)를 입력합니다. 세 번째 짝의 (안녕)과 (엔트리)에는 (공을 클릭하면 그래프를 볼 수 있어.)를 입력해 친구들이 좋아하는 운동 종목의 그래프를 볼 수 있는 방법을 안내합니다.

❷ 〈흐름〉의 [(2)초 기다리기] 블록과 〈시작〉의 [(그래프 질문 시작) 신호 보내기] 블록을 연결해 그래프를 읽으면서 그에 대한 질문이 시작되게 합니다.

14 계속해서 '축구선수' 오브젝트를 선택한 상태에서 코드를 추가합니다.

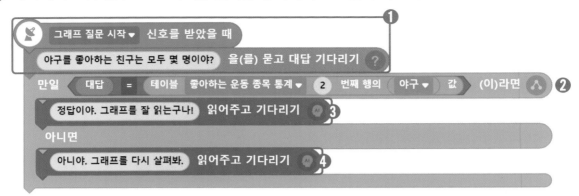

❶ 〈시작〉의 [(그래프 질문 시작) 신호를 받았을 때] 블록을 가져온 뒤 〈자료〉의 [(안녕)을 묻고 대답 기다리기] 블록을 연결해 줍니다. 그리고 (안녕) 대신에 (야구를 좋아하는 친구는 모두 몇 명이야?)를 입력합니다.

❷ 〈흐름〉의 [만일 (참)이라면, 아니면] 블록을 연결한 뒤 (참) 속에 〈판단〉의 [(10)=(10)] 블록을 넣습니다. 왼쪽 (10)에는 〈자료〉의 [대답] 블록을 넣고, 오른쪽 (10)에는 〈데이터 분석〉의 [테이블 (좋아하는 운동 종목 통계) (2)번째 행의 (야구)값] 블록을 넣습니다.

❸ 대답으로 입력한 값이 테이블 속 값과 일치한다면 〈인공지능〉-〈읽어주기〉의 [(엔트리) 읽어주고 기다리기] 블록을 넣어 준 뒤, (엔트리) 대신 (정답이야. 그래프를 잘 읽는구나!)를 입력합니다.

❹ 아니면, 즉 대답값이 틀리다면 다시 〈인공지능〉-〈읽어주기〉의 [(엔트리) 읽어주고 기다리기] 블록을 넣어 준 뒤, (아니야. 그래프를 다시 살펴봐.)를 입력합니다.

15 계속해서 코드를 추가합니다.

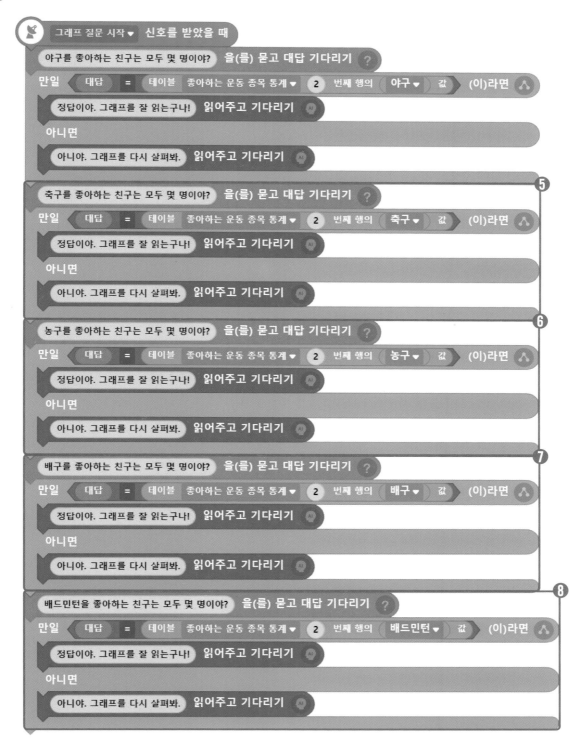

5 야구 대신 축구를 좋아하는 친구의 수를 묻고 대답이 실제 데이터값과 일치하는지 판단하도록
테이블 2번째 행의 축구값으로 바꿔 줍니다.

❻ 농구를 좋아하는 친구의 수를 묻고 대답이 실제 데이터값과 일치하는지 판단하도록 테이블 2번째 행의 농구값으로 바꿔줍니다.

❼ 배구를 좋아하는 친구의 수를 묻고 대답이 실제 데이터값과 일치하는지 판단하도록 테이블 2번째 행의 배구값으로 바꿔 줍니다.

❽ 배드민턴을 좋아하는 친구의 수를 묻고 대답이 실제 데이터값과 일치하는지 판단하도록 테이블 2번째 행의 배드민턴값으로 바꿔 줍니다.

⑯ '운동장' 배경 오브젝트를 선택한 상태에서 〈시작〉의 [시작하기 버튼을 클릭했을 때] 블록 아래에 〈자료〉의 [대답 숨기기] 블록을 연결해 실행 화면에 대답이 안 보이게 합니다.

⑰ '축구공' 오브젝트를 선택한 상태에서 〈시작〉의 [오브젝트를 클릭했을 때] 블록을 가져온 뒤 〈데이터 분석〉의 [테이블 (좋아하는 운동 종목 통계)의 (좋아하는 운동 종목 통계 그래프) 차트 창 열기] 블록을 연결합니다. 축구공을 눌러 그래프를 확인할 수 있습니다.

오브젝트를 클릭했을 때
테이블 좋아하는 운동 종목 통계 ▼ 의 좋아하는 운동 종목 통계 그래프 ▼ 차트 창 열기 📊

18 프로그램이 완성되었다면 [시작하기] 버튼을 눌러 봅시다.

▶ 공을 클릭하면 그래프를 볼 수 있다고 이야기하면, 축구공을 클릭합니다. 운동 종목 통계 그래 프를 확인할 수 있습니다.

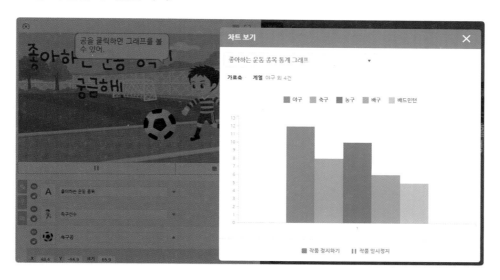

▶ 그래프 오른쪽 위에 있는 [X] 버튼을 눌러 그래프를 닫고, 그래프 질문에 대한 답을 입력합니다. 잘 기억이 나지 않으면 축구공을 다시 눌러 그래프를 살펴보면 됩니다.

▶ 정답을 맞히면 그래프를 잘 읽는다고 말하며 다음 문제로 넘어가고, 정답을 맞히지 못하면 다시 그래프를 살펴보라고 말하며 다음 문제로 넘어갑니다.

▶ 모든 질문에 차례대로 하나씩 대답해 봅시다.

🔧 TIP

막대 그래프의 세로축에 적혀 있는 숫자를 잘 읽으면 질문에
쉽게 대답할 수 있습니다. 질문에 대한 답을 잘 모르겠다면
축구공 오브젝트를 눌러서 다시 한번 그래프를 살펴봅니다.

http://naver.me/GozKvFAj

스포츠에서도 중요한 데이터 분석

데이터 분석이란 데이터를 수집하고 처리함으로써 유의미한 가치를 창출하는 과정이라 볼 수 있습니다. 예를 들어 교통사고 예측 시스템의 경우, 시민들의 차량에서 수집한 정보와 차량 및 각종 도로교통 시설물 등의 물리적 거리를 활용해 신호 위반 가능성을 예측하고 신호 위반자를 판별하여, 발생 가능한 교통사고 예측 정보를 실시간으로 운전자에게 알려 줍니다. 이를 통해 교통사고를 예방하고자 하는 목적을 충실히 이행하고 있는 것이죠. 이는 데이터가 가지고 있는 내재적인 가치를 분석하여 빠르게 제공함으로써 새로운 가치를 창조해내는 사례라 볼 수 있습니다. 빅데이터 시대에 폭발적으로 늘어난 데이터양으로 말미암아 자동화된 컴퓨터 능력을 이용해 처리, 분석이 가능하기 때문에 이와 같은 일이 가능해졌습니다.

이미 많은 선진국에서는 데이터를 분석하여 각종 재난과 재해를 예방하고, 식품안전문제, 테러, 범죄 등에 대비하고 있습니다. 미국 산타크루즈에서는 범죄 예측 모델을 이용하여 과거 범죄 패턴의 분석 및 범죄 발생을 예측하고 조정한 결과, 순찰 경로의 71%에서 실제 범죄가 발생하였다는 흥미있는 사례가 있습니다. 또한, 미국의 국가테러방지센터는 소셜네트워크, 신문, 잡지, 기사 등의 데이터를 분석하여 테러 동향 파악 및 테러 징후를 예측한다고 합니다.

데이터 분석은 이렇게 국가적으로 활용될 뿐 아니라 본 챕터에서 학생들이 좋아하는 운동 종목을 분석해 본 것과 같이 스포츠 산업에서도 다양한 가치를 창출해 내고 있습니다. 예를 들어 경기 중 선수들의 움직임을 분석한 데이터를 통해 어떻게 하면 경기에서 이길 수 있는지에 대한 전략 분석을 하거나 선수들의 부상 방지 등에 좋은 방안을 내놓기도 합니다. 오른쪽 그림의 경우 선수들의 오른발과 왼발 사용 비율 데이터를 시각화해 어떤 경우에 공격 성공률이 높은지 등을 분석하고 있습니다. 이처럼 재미있는 데이터 분석의 세계, 여러분도 알고 싶은 데이터를 수집해 분석해 보면 어떨까요?

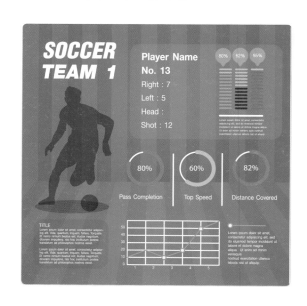

07
Section

인기 게임 순위를 알아봐!

엔트리의 데이터 분석 블록을 활용해 인기 게임 순위의 변화를 그래프로 알아보는 AI 인기 게임 순위 알기 프로그램을 만들어요.

 수업 길잡이

난이도 ★★★☆☆

소요시간 30분 이상

학습영역 인공지능과 데이터 분석

준비물 PC 또는 노트북, 사이트 주소 알기 (https://playentry.org/)

AI 프로그래밍을 준비해요!

활동 목표
엔트리의 데이터 분석 블록을 알고 AI 인기 게임 순위 알기 프로그램 만들기

활동 약속
외부데이터를 수집하고 가져오는 방법을 알아요.

관련 교과를 확인해요!

관련 교과 및 단원

• 4학년 > 2학기 > 수학 > 05. 꺾은선 그래프 > 자료를 조사하여 꺾은선 그래프로 나타내어 볼까요

• 6학년 > 2학기 > 실과 > 04. 생활 속 소프트웨어 > 프로그래밍 요소와 구조

• 초등 인공지능교육 내용체계 > 5-6학년군 > 인공지능과 데이터 > 데이터 수집 및 시각화

 **이 활동은**

데이터 분석 (데이터 수집 및 시각화)

엔트리의 데이터 분석 블록을 활용해 외부에서 수집한 데이터를 불러오고, 인기게임 순위를 꺾은선 그래프로 시각화하는 AI 인기 게임 순위 알기 프로그램입니다. 이를 통해 인공지능의 원재료가 되는 데이터를 수집하는 방법과 시각화하는 방법을 배울 수 있습니다.

1 〈데이터 분석〉 카테고리를 클릭한 후 [테이블 불러오기] 버튼을 누릅니다.

2 "먼저 테이블을 추가해 주세요."라는 메시지가 보입니다. 왼쪽 상단에서 [테이블 추가하기] 버튼을 클릭합니다.

③ 〈파일 올리기〉를 클릭하면 외부 파일을 끌어다 놓거나 [파일 선택] 버튼을 눌러 업로드하라는 메시지가 보입니다. 영진닷컴(https://www.youngjin.com/reader/pds/pds.asp) 홈페이지에서 다운로드한 "영진-수학-게임순위그래프-데이터" 파일을 선택합니다.

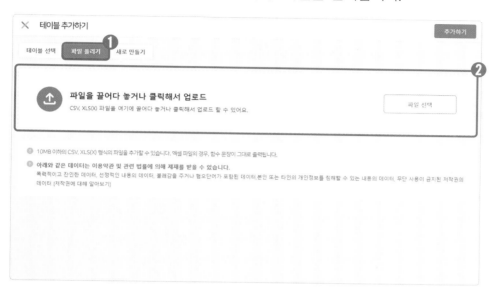

④ 선택한 데이터가 보이면 [추가하기] 버튼을 클릭합니다.

5 추가된 데이터를 확인한 뒤 [저장하기] 버튼을 클릭합니다.

6 ⟨차트⟩를 클릭하면 "차트를 먼저 추가해 주세요"라는 메시지가 보입니다. [+] 버튼을 클릭 후 ⟨선⟩을 선택합니다.

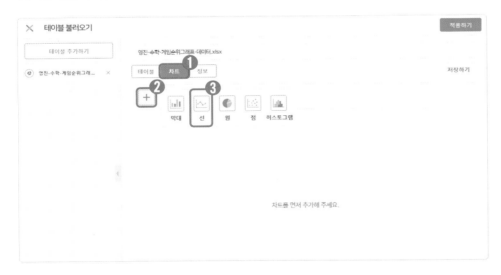

⑦ 차트 이름을 《영진-수학-게임순위그래프-데이터-차트》라고 입력합니다. 가로축은 "게임명"을 선택하고, 계열은 "모두"를 선택하면 꺾은 선 그래프가 나타납니다. 그래프를 확인하고 [저장하기]를 클릭합니다.

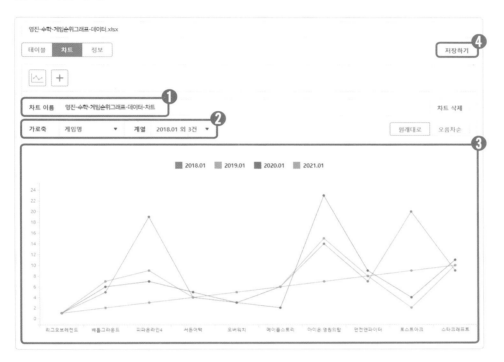

⑧ 완성된 꺾은선 그래프를 살펴봅니다. ❶은 가로축으로 리그오브레전드, 배틀그라운드 등 인기게임 이름입니다. ❷는 세로축으로 순위를 나타내며, 숫자가 낮을수록 높은 순위를 의미합니다. ❸은 계열로 2018년 1월부터 2021년 1월까지 인기게임 순위를 나타냅니다. ❹는 예를 들자면, 표시된 데이터는 2021년 1월에 배틀그라운드라는 게임이 2위를 했다는 것을 나타냅니다.

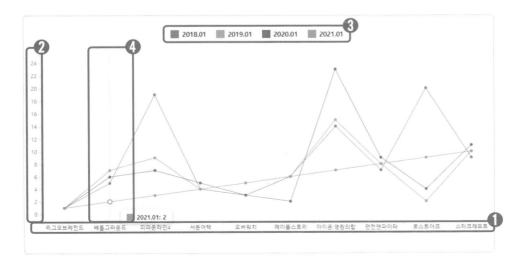

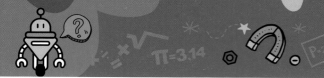

9 테이블 불러오기 창을 닫으면 본래의 화면에서 데이터 분석 블록이 추가된 것을 확인할 수 있습니다.

⑩ 기본 오브젝트인 '엔트리봇'은 삭제하고, 오브젝트 추가하기를 눌러 ❶ '소피(표정)' 오브젝트, ❷ 글상자 오브젝트(인기 게임 순위), ❸ 글상자 오브젝트(알아보기)를 그림처럼 추가합니다.

❷ 글상자 오브젝트(인기 게임 순위) : 산돌 초록우산 어린이, 글자색 보라색, 배경색 없음

❸ 글상자 오브젝트(알아보기) : 산돌 초록우산 어린이, 글자색 진분홍색, 배경색 없음

⑪ '소피(표정)' 오브젝트를 선택한 상태에서 모양 탭을 클릭해 모양 중 '소피_시무룩'을 삭제합니다.

⑫ 속성 탭을 클릭해 코드에 필요한 리스트와 신호를 만들어 줍니다.

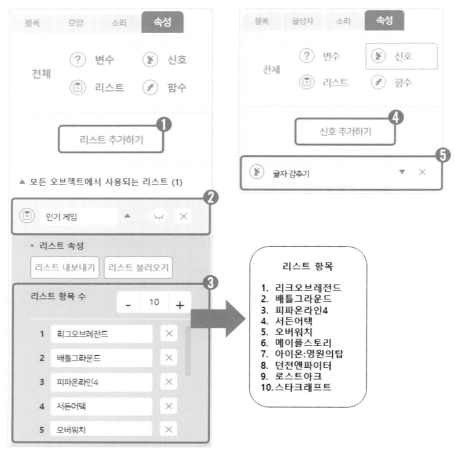

❶ [리스트]를 선택한 뒤 [리스트 추가하기] 버튼을 클릭합니다.

❷ 리스트의 이름을 "인기 게임"이라고 입력합니다. 리스트가 만들어지면 리스트 항목을 만들 수 있습니다. 리스트가 화면에 보이지 않게 눈을 감은 모양으로 변경합니다.

❸ 리스트 항목 수를 10으로 정하고 1번 "리그오브레전드"에서 10번 "스타크래프트"까지 모두 입력합니다.

❹ [신호]를 선택한 뒤 [신호 추가하기] 버튼을 클릭합니다.

❺ 신호의 이름을 "글자 감추기"로 입력합니다.

13 〈인공지능〉 카테고리의 [인공지능 블록 불러오기]에서 〈읽어주기〉를 추가합니다.

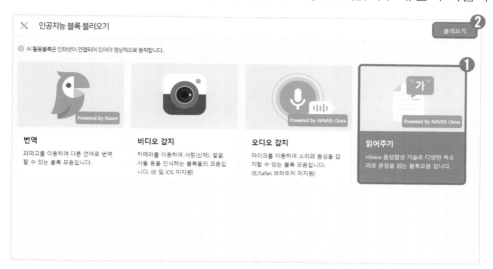

14 '인기 게임 순위' 글상자 오브젝트를 선택한 상태에서 〈시작〉의 [(글자 감추기) 신호를 받았을 때] 블록 아래에 〈글상자〉의 [텍스트 모두 지우기] 블록을 연결해 신호를 받았을 때 글상자가 실행 화면에서 보이지 않도록 합니다.

15 '알아보기' 글상자 오브젝트에도 같은 코드를 작성합니다.

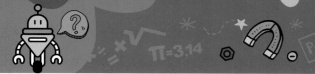

16 '소피(표정)' 오브젝트를 선택한 상태에서 다음과 같이 코드를 작성합니다.

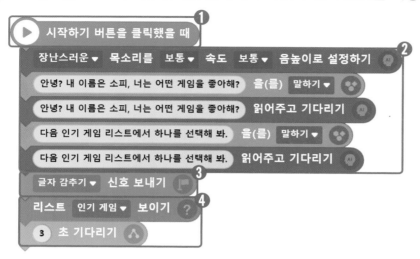

❶ 〈시작〉의 [시작하기 버튼을 클릭했을 때] 블록을 가져옵니다.

❷ 〈인공지능〉-〈읽어주기〉의 [(장난스러운) 목소리를 (보통) 속도 (보통) 음높이로 설정하기] 블록을 연결해 목소리를 정합니다. 그리고 〈생김새〉의 [(안녕)을 말하기] 블록과 〈인공지능〉-〈읽어주기〉의 [(엔트리) 읽어주고 기다리기] 블록을 2개씩 가져와 그림처럼 짝이 되도록 연결합니다. 첫 번째 짝 속 (안녕)과 (엔트리)에는 (안녕? 내 이름은 소피, 너는 어떤 게임을 좋아해?)를 입력하고, 두 번째 짝 속 (안녕)과 (엔트리)에는 (다음 인기 게임 리스트에서 하나를 선택해 봐.)라고 입력해 줍니다.

❸ 〈시작〉의 [(글자 감추기) 신호 보내기] 블록을 연결해 줍니다.

❹ 〈자료〉의 [리스트 (인기 게임) 보이기] 블록을 연결한 뒤, 다음 코드가 실행되기 전에 약간의 시간을 줄 수 있도록 〈흐름〉의 [(3)초 기다리기] 블록을 연결해 줍니다.

⓱ 계속해서 '소피(표정)' 오브젝트를 선택한 상태에서 다음과 같이 코드를 추가합니다.

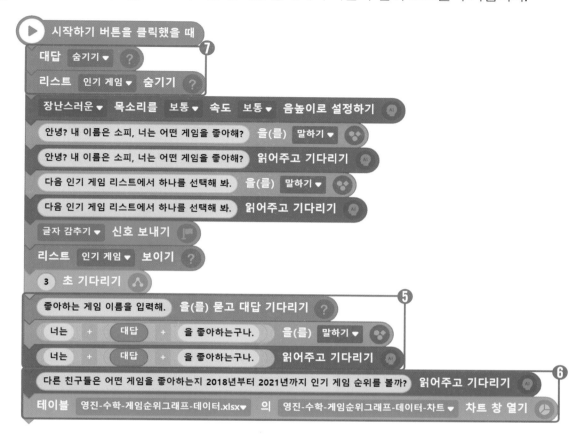

❺ 〈자료〉의 [(안녕)을 묻고 대답 기다리기] 블록을 연결한 뒤 (안녕) 자리에 (좋아하는 게임 이름을 입력해.)를 적어 줍니다. 그리고 〈생김새〉의 [(안녕)을 말하기] 블록을 연결하고 (안녕) 속에 〈계산〉의 [(10)+(10)] 블록을 2개 연결합니다. 첫 번째 (10)에는 (너는)을 입력하고, 두 번째 (10)에는 〈자료〉의 [대답] 블록을 넣습니다. 세 번째 (10)에는 (을 좋아하는구나.)를 입력합니다. 〈인공지능〉-〈읽어주기〉의 [(엔트리) 읽어주고 기다리기] 블록을 연결한 후 똑같이 코드를 작성해 말풍선과 음성으로 하는 말이 동일하게 만들어 줍니다.

❻ 〈인공지능〉-〈읽어주기〉의 [(엔트리) 읽어주고 기다리기] 블록을 하나 더 연결한 뒤 (엔트리) 대신 (다른 친구들은 어떤 게임을 좋아하는지 2018년부터 2021년까지 인기 게임 순위를 볼까?)를 입력합니다. 차트 창이 실행 화면에 보이도록 〈데이터분석〉의 [테이블 (영진-수학-게임순위그래프-데이터.xlsx)의 (영진-수학-게임순위그래프-데이터-차트) 차트 창 열기] 블록을 연결합니다.

❼ 〈자료〉의 [대답 숨기기] 블록과 [리스트 (인기 게임) 숨기기] 블록을 [시작하기 버튼을 클릭했을 때] 블록 아래에 끼워 프로그램이 실행되었을 때 화면에서 대답이나 리스트가 보이지 않도록 합니다.

⑱ '소피(표정)' 오브젝트에 코드를 하나 더 추가해 프로그램이 시작되면 모양을 계속해서 바꿔 마치 움직이는 것처럼 표현합니다. 〈시작〉의 [시작하기 버튼을 클릭했을 때] 블록을 가져온 뒤 〈흐름〉의 [계속 반복하기] 블록을 연결합니다. [계속 반복하기] 블록 안에 〈생김새〉의 [(다음) 모양으로 바꾸기] 블록과 〈흐름〉의 [(0.5)초 기다리기] 블록을 차례대로 연결합니다.

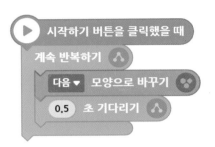

⑲ 프로그램이 완성되었다면 [시작하기] 버튼을 눌러 봅시다. 그리고 물음에 따라 좋아하는 게임의 이름을 입력합니다.

▶ 실행 화면 오른쪽에는 인기 게임 리스트가 등장합니다. 그중에서 하나를 골라서 입력해도 되고, 자신이 실제로 가장 좋아하는 게임 이름을 입력해도 좋습니다.

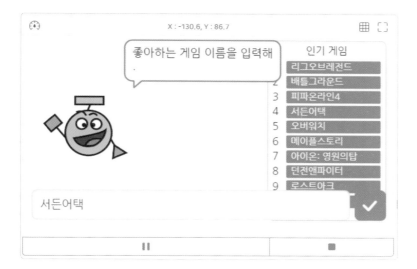

▶ 2018년부터 2021년까지 인기 게임의 순위가 어떻게 변했는지를 보여 주는 게임 순위 변동 꺾은선 그래프가 등장합니다.

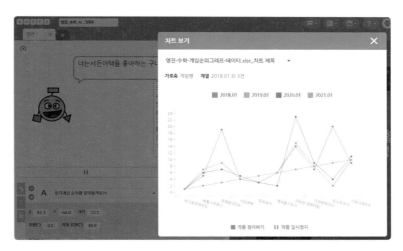

> **TIP**
> 그래프를 보면서 자신이 좋아하는 게임의 순위가
> 어떻게 변해 가는지 확인합니다. 예를 들어 리그오브레전드는
> 4년 연속 1위를 차지하고 있음을 그래프를 통해 알 수 있습니다.
>
> http://naver.me/lgT9kOeP

원하는 데이터를
한눈에, 데이터 시각화

원하는 데이터의 내용을 한눈에 볼 수 있다면 얼마나 좋을까요? 데이터를 하나씩 들여다봐야 하는 번거로움을 덜고 인사이트까지 얻을 수 있으려면 시각화된 데이터를 살펴봐야 합니다. 본 활동에서 인기있는 게임 TOP 10의 최근 몇 년 동안의 순위 변화를 한눈에 살펴본 것처럼 말이죠. 예를 들어 리그오브 레전드라는 게임은 최근 4년 동안 계속해서 매년 1월에 1위를 차지했습니다. 그만큼 사랑받는 게임이라는 점을 알 수 있지요.

다음 차트를 통해서는 무엇을 알 수 있을까요? 쿠키런 킹덤이라는 게임은 남성보다는 여성, 특히 20대 여성들에게 아주 인기가 높다는 사실을 한눈에 알 수 있습니다. 또한, 다른 게임들은 출시 직후 사용자가 급격히 감소하는 데 반해 쿠키런 킹덤의 경우 10대와 20대 여성을 중심으로 꾸준히 사용자가 늘어나고 있음을 알 수 있습니다.

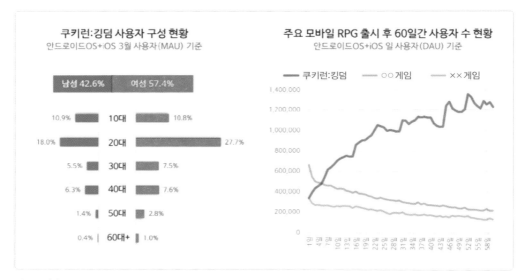

이미지 출처 https://hd.mobileindex.com/report/?s=151&p=1

이러한 데이터 시각화는 게임 시장과 같은 산업 현장에서 가치를 창출하는 데 도움이 되지만 사회적, 국가적으로도 다양한 역할을 수행합니다. 코로나19와 관련된 데이터를 분석한 예시를 살펴보면 1, 2차 유행보다 3차 대유행의 확진자 수가 크게 늘었음에도 버즈량*은 오히려 감소했음을 알 수 있습니다. 장기간 진행된 방역 조치에 따라 시민들의 피로도가 커지고 코로나19에 대한 학습효과가 생긴 것이 영향을 미친 것으로 풀이할 수 있습니다. 이처럼 데이터 분석은 사회적 현상이 어떻게 변화하고 있는지, 왜 그런 변화가 나타났는지 그 의미를 파악하는 데 도움을 줍니다.

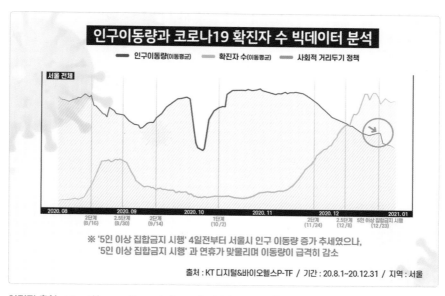

이미지 출처 https://www.aitimes.kr/news/articleView.html?idxno=20199

---

* 버즈량 : 특정 이슈 관련하여 온라인에서 언급된 횟수를 의미함

08
Section

숫자 먹기 게임

엔트리의 얼굴 인식 기술을 활용해 더하기 연산의 결괏값을 나타내는 숫자가 나왔을 때 먹는 AI 숫자 먹기 게임 프로그램을 만들어요.

 수업 길잡이

난이도 ★★★★☆
소요시간 30분 이상
학습영역 인공지능과 인식
준비물 PC 또는 노트북, 사이트 주소 알기
(https://playentry.org/)

점수 1000
5더하기3
얼굴-1
5
5

AI 프로그래밍을 준비해요!

활동 목표
엔트리의 얼굴 인식을 이해하고 AI 숫자 먹기 프로그램 만들기

활동 약속
답인 숫자가 나타났을 때 입으로 숫자를 먹어요.

관련 교과를 확인해요!

관련 교과 및 단원
• 1학년 > 1학기 > 수학 > 1. 9까지의 수 > 수 놀이를 해요
• 3학년 > 1학기 > 수학 > 1. 덧셈과 뺄셈 > 덧셈을 해볼까요?
• 6학년 > 2학기 > 실과 > 4. 생활 속 소프트웨어 > 절차적 문제 해결
• 초등 인공지능교육 내용체계 > 5–6학년군 > 인공지능 적용 > 인공지능 기초프로그래밍

 **이 활동은**

 얼굴 인식

엔트리의 얼굴 인식 기술을 활용해 랜덤으로 나오는 두 수의 합이 되는 숫자를 찾아 입으로 먹는 AI 숫자 먹기 게임 프로그램입니다. 이를 통해 인공지능의 얼굴 인식 기술을 이해하고, 간단한 연산 문제를 해결하는 프로그램을 만들 수 있습니다. 학생들의 수준에 따라 무작위 수의 범위를 더 크게 하여 응용 프로그램을 만들어도 좋습니다.

1 〈인공지능〉 카테고리를 클릭한 후 [인공지능 블록 불러오기] 버튼을 누릅니다.

2 〈비디오 감지〉와 〈읽어주기〉를 선택한 후 [불러오기] 버튼을 클릭합니다.

③ 기본 오브젝트인 '엔트리봇'은 삭제하고, 오브젝트 추가하기를 눌러 **❶**'숫자나라' 배경 오브젝트, **❷**'물음표 버튼', **❸**'숫자 버튼', **❹**'숫자 버튼' 오브젝트를 그림처럼 추가합니다.

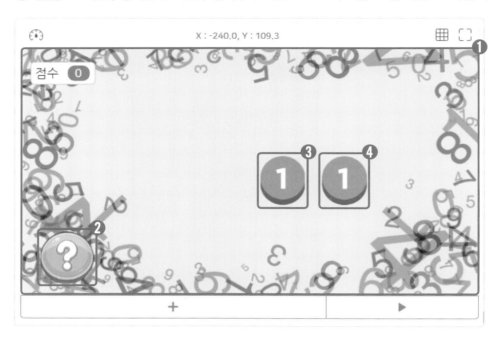

④ '숫자 버튼' 오브젝트를 선택한 상태에서 모양 탭을 누르면 1부터 0까지 총 11개의 모양이 보이는 것을 확인할 수 있습니다.

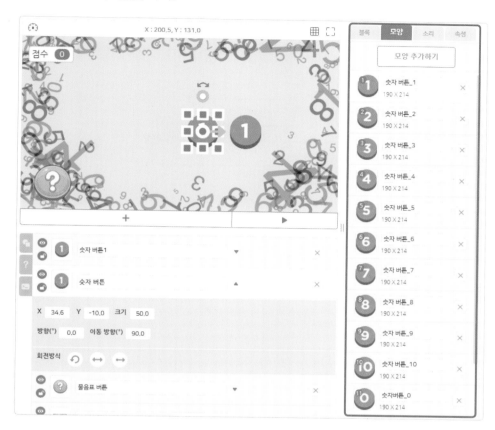

5 속성 탭을 클릭해 코드에 필요한 변수와 신호를 만들어 줍니다.

❶ [변수]를 선택한 뒤 [변수 추가하기] 버튼을 클릭합니다.

❷ 점수가 저장되는 "점수" 변수를 만들어 줍니다.

❸ [신호]를 선택한 뒤 [신호 추가하기] 버튼을 클릭합니다.

❹ "다음 문제" 신호를 만들어 줍니다.

6 '숫자나라' 배경 오브젝트를 선택한 상태에서 〈시작〉의 [시작하기 버튼을 클릭했을 때] 블록 아래에 〈생김새〉의 [(투명도) 효과를 (60)으로 정하기] 블록을 연결합니다. 배경을 약간 투명한 상태로 만들어 비디오 화면에 현실 세계와 오브젝트가 함께 보이도록 하기 위함입니다.

7 계속해서 '숫자나라' 배경 오브젝트를 선택한 상태에서 다음과 같이 코드를 추가합니다.

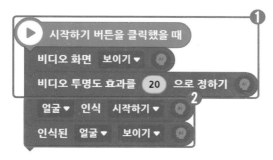

① 〈시작〉의 [시작하기 버튼을 클릭했을 때] 블록 아래에 〈인공지능〉–〈비디오 감지〉의 [비디오 화면 (보이기)]와 [비디오 투명도 효과를 (20)으로 정하기] 블록을 연결해 비디오 화면이 약간 투명하게 보이도록 합니다. 0에 가까울수록 투명하고, 100에 가까울수록 불투명해집니다.

② 〈인공지능〉–〈비디오 감지〉의 [(얼굴) 인식 (시작하기)] 블록과 [인식된 (얼굴) (보이기)] 블록을 연결해 얼굴 인식을 시작하고, 인식된 얼굴이 실행 화면에 보이도록 합니다.

8 '물음표 버튼' 오브젝트를 선택한 상태에서 코드를 작성합니다.

① 〈시작〉의 [시작하기 버튼을 클릭했을 때] 블록 아래에 〈생김새〉의 [(안녕)을 말하기] 블록과 〈인공지능〉–〈읽어주기〉의 [(엔트리) 읽어주고 기다리기] 블록을 차례대로 연결한 뒤, (안녕)과 (엔트리) 대신 (다음 두 수의 합인 숫자를 먹어요.)를 입력합니다.

② 〈생김새〉의 [(안녕)을 말하기] 블록을 가져온 뒤 (안녕)에 〈계산〉의 [(10)+(10)] 블록을 2개 가져와 넣어 줍니다. 첫 번째 (10)과 세 번째 (10)에 〈계산〉의 [(0)부터 (10) 사이의 무작위 수] 블록을 각각 넣고, 무작위 수의 범위를 0부터 5 사이로 정합니다. 두 번째 (10)에는 (더하기)라고 입력합니다.

9 계속해서 '물음표 버튼' 오브젝트를 선택한 상태에서 코드를 추가합니다.

❶ 〈시작〉의 [(다음 문제) 신호를 받았을 때] 블록 아래에 〈생김새〉의 [(안녕)을 말하기] 블록과 〈인공지능〉-〈읽어주기〉의 [(엔트리) 읽어주고 기다리기] 블록을 차례대로 연결한 뒤, (안녕)과 (엔트리) 대신 (다음 두 수의 합인 숫자를 먹어요.)를 입력합니다.

❷ 〈생김새〉의 [(안녕)을 말하기] 블록을 가져온 뒤 (안녕)에 〈계산〉의 [(10)+(10)] 블록을 2개 가져와 넣어 줍니다. 첫 번째 (10)과 세 번째 (10)에 〈계산〉의 [(0)부터 (10) 사이의 무작위 수] 블록을 각각 넣고, 무작위 수의 범위를 0부터 5 사이로 정합니다. 두 번째 (10)에는 (더하기)라고 입력합니다.

10 왼쪽의 '숫자 버튼' 오브젝트를 선택한 상태에서 코드를 작성합니다.

❶ 프로그램이 시작했을 때 모양이 보이지 않도록 〈시작〉의 [시작하기 버튼을 클릭했을 때] 블록 아래에 〈생김새〉의 [모양 숨기기] 블록을 연결합니다.

❷ 〈흐름〉의 [계속 반복하기] 블록을 연결하고, 그 속에 〈흐름〉의 [(자신)의 복제본 만들기] 블록과 [(5)초 기다리기] 블록을 넣습니다. 시간값은 원하는 값으로 정해도 좋습니다.

⓫ 계속해서 '숫자 버튼' 오브젝트를 선택한 상태에서 코드를 추가합니다.

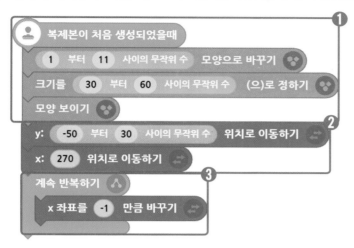

❶ 복제본이 만들어졌을 때 숫자 버튼의 다양한 모양 중 1개가 선택되도록 〈흐름〉의 [복제본이 처음 생성되었을 때] 블록 아래에 〈생김새〉의 [(숫자 버튼_1) 모양으로 바꾸기] 블록을 연결하고, (숫자 버튼_1) 자리에 〈계산〉의 [(0)부터 (10) 사이의 무작위 수] 블록을 넣어 줍니다. 이때 숫자 버튼 오브젝트의 모양이 총 11개 있으므로 무작위 수의 범위를 1부터 11 사이로 정해 줍니다. 복제본이 만들어질 때 그 크기도 무작위로 달라지도록 〈생김새〉의 [크기를 (100)으로 정하기] 블록을 연결한 뒤. (100) 대신 〈계산〉의 [(0)부터 (10) 사이의 무작위 수] 블록을 넣고 크기값의 범위를 30에서 60으로 정합니다. 그리고 모양이 보이도록 〈생김새〉의 [모양 보이기] 블록을 연결합니다.

❷ 복제본의 처음 위치를 정하기 위해 〈움직임〉의 [y: (10) 위치로 이동하기]와 [x: (10) 위치로 이동하기] 블록을 차례대로 연결합니다. y의 (10)에는 〈계산〉의 [(0)부터 (10) 사이의 무작위 수] 블록을 넣고 그 범위는 −50에서 30으로 정합니다. x의 (10)에는 (270)을 입력해 복제본의 가로축 위치는 일정하게 정해 줍니다.

❸ 계속해서 숫자 버튼이 오른쪽에서 왼쪽으로 움직이도록 〈흐름〉의 [계속 반복하기] 블록 속에 〈움직임〉의 [x 좌표를 (−1)만큼 바꾸기] 블록을 넣어 줍니다.

12 계속해서 '숫자 버튼' 오브젝트를 선택한 상태에서 코드를 추가합니다.

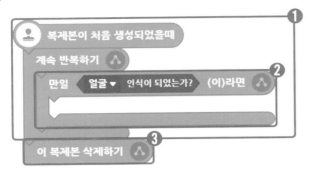

❶ 복제본이 만들어졌을 때 얼굴 인식이 되었는지를 계속해서 판단하기 위해 〈흐름〉의 [복제본이 처음 생성되었을 때] 블록 아래에 [계속 반복하기] 블록을 연결합니다.

❷ [계속 반복하기] 블록 속에 [만일 (참)이라면] 블록을 넣고 (참) 자리에 〈인공지능〉–〈비디오 감지〉의 [(얼굴) 인식이 되었는가?] 블록을 넣어 줍니다. 조건을 만족했을 때, 즉 얼굴 인식이 되었을 때 실행할 블록은 잠시 비워 둡니다.

❸ 반복문에서 빠져나오면 이 복제본을 삭제하기 위해 〈흐름〉의 [이 복제본 삭제하기] 블록을 연결해 줍니다.

13 계속해서 과정 **12**의 ❷ 조건문 안에 다음과 같이 코드를 작성합니다.

❹ 〈흐름〉의 [만일 (참)이라면] 블록을 넣고 (참) 속에 〈판단〉의 [(10)<(10)] 블록을 넣습니다. 오른쪽 (10)에는 (15)를 입력하고, 왼쪽 (10)에는 〈계산〉의 [(10)의 (절댓값)] 블록을 넣습니다. 그리고 절댓값 블록의 (10) 속에 〈계산〉의 [(10)-(10)] 블록을 넣어 줍니다. 빼기 블록 속 왼쪽 (10)에는 〈인공지능〉-〈비디오 감지〉의 [(1)번째 얼굴의 (윗 입술)의 (x) 좌표] 블록을 넣고, 오른쪽 (10)에는 〈계산〉의 [(자신)의 (x 좌푯값)] 블록을 넣습니다.

❺ ❹에서 만든 블록을 복사하여 ❹의 블록 안에 넣은 후, (X) 좌표를 (y) 좌표로 바꿔 줍니다.

❻ 두 조건을 모두 만족했을 때, 점수를 더하고 다음 문제가 나오도록 신호를 보낸 뒤 반복을 중단하도록 〈자료〉의 [(점수)에 (100)만큼 더하기] 블록과 〈시작〉의 [(다음 문제) 신호 보내기] 블록, 〈흐름〉의 [반복 중단하기] 블록을 차례대로 연결합니다.

⓮ 남은 '숫자 버튼' 오브젝트도 과정 ❿~⓭에서 코드를 작성한 '숫자 버튼' 오브젝트와 코드가 동일합니다. 단, 두 숫자 버튼이 약간의 시간 차이를 두고 자신의 복제본을 만들어 등장할 수 있도록 남은 '숫자 버튼' 오브젝트의 코드를 작성할 때는 ❶처럼 〈생김새〉의 [모양 숨기기] 블록과 〈흐름〉의 [계속 반복하기] 블록 사이에 〈흐름〉의 [(2)초 기다리기] 블록을 연결해 줍니다.

15 프로그램을 실행하면 얼굴 인식이 시작되면서 "다음 두 수의 합인 숫자를 먹어요"라는 말이 나옵니다. 두 수가 보이면 그 수의 합에 해당하는 숫자 버튼이 등장했을 때 얼굴을 가까이 다가가 입을 벌려 먹는 모양을 만들어 주면 됩니다. 정답이 아닌 숫자 버튼이 나올 때는 입술에 숫자 버튼이 닿지 않도록 해야 합니다.

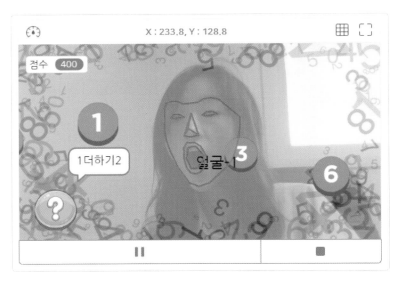

> **TIP**
>
> 입술 근처에 숫자 버튼 오브젝트가 가까이 가면
> 오브젝트가 사라지면서 점수가 오르도록 코드를 작성한 상태이므로,
> 정답이 아닌 숫자 버튼 오브젝트에는 입술이
> 가까이 가지 않도록 해야 해요.
>
> http://naver.me/5jAfiuu7

메타버스 세상에서도
얼굴 인식을!

메타버스라는 말을 들어 본 적이 있나요? '현실 세계'를 의미하는 Universe(유니버스)와 '가공, 추상'을 의미하는 Meta(메타)의 합성어로, 3차원 가상 세계를 '메타버스'라고 합니다. 잘 모르겠다면, 포켓몬GO나 제페토 또는 로블록스를 떠올려 보세요. 현실 세계에 나타난 포켓몬을 잡으러 다녔던 증강현실도 메타버스의 한 분야이고, 가상의 세계에서 현실과 비슷한 경제적, 문화적 활동이 가능한 로블록스나 제페토 역시 메타버스라고 할 수 있습니다.

그런데 이런 메타버스의 세계에도 인공지능 기술이 존재합니다. 여러분의 얼굴을 인식시켜 만든 아바타를 떠올려 보세요. 나의 얼굴과 똑닮은 가상의 인물인 아바타가 가상의 세계를 활보하며 현실 세계에서 하지 못했던 다양한 경험을 할 수 있는 것입니다. 레스토랑에 취직해 일을 하거나 직접 레스토랑을 운영해 볼 수도 있고, 가상 세계 속 친구들과 노래를 부르거나 춤을 추면서 놀 수도 있지요.

어떤가요? 본 챕터에서 만들었던 프로그램과도 비슷한 부분이 있지요? 여러분의 얼굴을 인식시켜 모니터 속 세상인 엔트리의 실행 창에서 숫자 오브젝트를 입으로 먹었죠. 이 역시 현실 세계와 가상 세계의 경계가 허물어진 예라고 볼 수 있을 것 같습니다. 앞으로의 메타버스 세상 속에는 얼굴 인식뿐 아니라 전신 인식도 가능해질 것이라고 합니다. 여러분의 손짓, 몸짓을 모두 인식할 수 있는 아바타가 가상 세계 속을 살아가는 것이지요. 아직 나만의 아바타가 없다면, 지금 한번 만들어 보는 것은 어떨까요?

사물 인식

09 Section

포장지 꾸미기 놀이

엔트리의 사물 인식 기술을 활용해 핸드폰, 책, 컵 등의 오브젝트로 포장지에 무늬를 넣는 AI 포장지 꾸미기 놀이 프로그램을 만들어요.

 수업 길잡이

난이도 ★★★★☆
소요시간 30분 이상
학습영역 인공지능과 인식
준비물 PC 또는 노트북, 사이트 주소 알기 (https://playentry.org/)

AI 프로그래밍을 준비해요!

활동 목표
엔트리의 사물 인식을 이해하고 AI 포장지 꾸미기 프로그램 만들기

활동 약속
포장지를 예쁘게 꾸밀 수 있는 방법을 생각해요.

관련 교과를 확인해요!

 관련 교과 및 단원

• 2학년 > 1학기 > 수학 > 2. 여러 가지 도형 > 똑같은 모양으로 쌓아 볼까요?
• 2학년 > 2학기 > 수학 > 6. 규칙 찾기 > 색종이로 무늬를 꾸며 볼까요?
• 6학년 > 2학기 > 실과 > 4. 생활 속 소프트웨어 > 절차적 문제 해결
• 초등 인공지능교육 내용체계 > 5–6학년군 > 인공지능 적용 > 인공지능 기초프로그래밍

 **이 활동은**

 사물 인식

엔트리의 사물 인식 기술을 활용해 핸드폰, 컵, 책 등의 사물을 인식하고 인식된 사물과 같은 오브젝트로 도장을 찍어 포장지에 모양을 만드는 AI 포장지 꾸미기 프로그램입니다. 이를 통해 인공지능의 사물 인식 기술을 이해하고, 수학의 규칙성과 패턴이 주는 재미를 느껴 볼 수 있습니다.

① 〈인공지능〉 카테고리를 클릭한 후 [인공지능 블록 불러오기] 버튼을 누릅니다.

② 〈비디오 감지〉와 〈읽어주기〉를 선택한 후 [불러오기] 버튼을 클릭합니다.

❸ 기본 오브젝트인 '엔트리봇'은 삭제하고, 오브젝트 추가하기를 눌러 ❶'단색 배경' 오브젝트, ❷'신비한책 닫힘', ❸글상자 오브젝트(포장지 꾸미기)를 그림처럼 추가합니다.

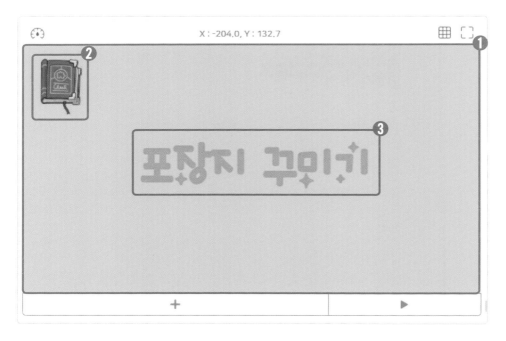

❸ **글상자 오브젝트(포장지 꾸미기)** : 산돌 별이샤방샤방, 글자색 오렌지색, 배경색 없음

❹ '신비한책 닫힘' 오브젝트를 선택한 상태에서 모양 탭을 클릭하고 [모양 추가하기] 버튼을 눌러 '땡땡이컵_1'과 '스마트폰_틀' 모양을 추가합니다.

⑤ 속성 탭을 클릭해 코드에 필요한 신호를 만들어 줍니다.

❶ [신호]를 선택한 뒤 [신호 추가하기] 버튼을 클릭합니다.

❷ "핸드폰 무늬", "컵 무늬", "책 무늬" 신호를 만들어 줍니다.

⑥ '포장지 꾸미기' 글상자 오브젝트를 선택한 상태에서 다음과 같이 코드를 작성합니다.

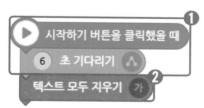

❶ 프로그램이 시작되고 일정 시간이 지난 뒤 글상자가 실행 화면에서 보이지 않도록, 〈시작〉의 [시작하기 버튼을 클릭했을 때] 블록 아래에 〈흐름〉의 [(2)초 기다리기] 블록을 가져와 연결한 뒤, (2) 대신 (6)을 입력합니다.

❷ 〈글상자〉의 [텍스트 모두 지우기] 블록을 연결합니다. 〈글상자〉 카테고리는 글상자 오브젝트에 서만 보입니다.

7 '단색 배경' 오브젝트를 선택한 상태에서 다음과 같이 코드를 작성합니다.

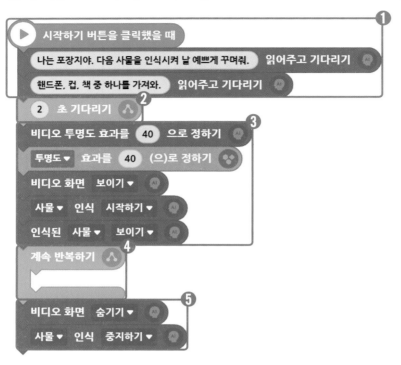

❶ 〈시작〉의 [시작하기 버튼을 클릭했을 때] 블록 아래에 〈인공지능〉–〈읽어주기〉의 [(엔트리) 읽어
주고 기다리기] 블록을 2개 가져와 연결합니다. 첫 번째 (엔트리)에는 (나는 포장지야. 다음 사
물을 인식시켜 날 예쁘게 꾸며줘.)를, 두 번째 (엔트리)에는 (핸드폰, 컵, 책 중 하나를 가져와.)라
고 입력합니다.

❷ 〈흐름〉의 [(2)초 기다리기] 블록을 가져와 사물을 찾을 수 있는 시간을 줍니다.

❸ 〈인공지능〉–〈비디오 감지〉의 [비디오 투명도 효과를 (40)으로 정하기] 블록을 추가하고, 배경
오브젝트도 약간 투명한 상태로 보이도록 〈생김새〉의 [(투명도) 효과를 (40)으로 정하기] 블록을
추가합니다. 다시 〈인공지능〉–〈비디오 감지〉의 [비디오 화면 (보이기)] 블록과 [(사물) 인식 시작
하기] 블록, [인식된 (사물) (보이기)] 블록을 연결해 줍니다.

❹ 〈흐름〉의 [계속 반복하기] 블록을 연결하고 그 속을 일단 비워 둡니다.

❺ 반복문에서 빠져나온 뒤 사물 인식을 멈추기 위해 〈인공지능〉–〈비디오 감지〉의 [비디오 화면
(숨기기)] 블록과 [(사물) 인식 (중지하기)] 블록을 가져옵니다.

8 과정 **7**의 **4** 반복문 안에 다음과 같이 코드를 작성합니다.

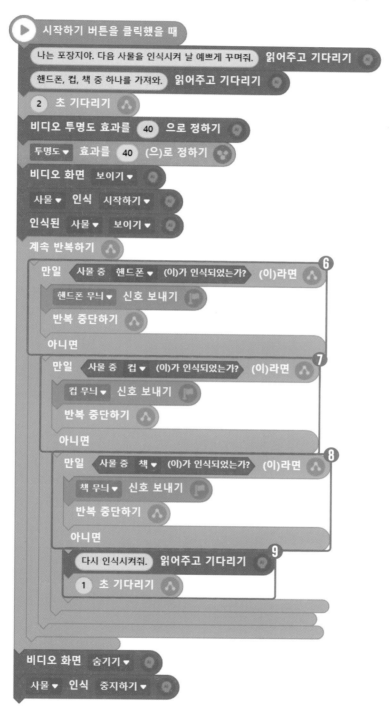

시작하기 버튼을 클릭했을 때

나는 포장지야. 다음 사물을 인식시켜 날 예쁘게 꾸며줘. 읽어주고 기다리기

핸드폰, 컵, 책 중 하나를 가져와. 읽어주고 기다리기

2 초 기다리기

비디오 투명도 효과를 **40** 으로 정하기

투명도 ▼ 효과를 **40** (으)로 정하기

비디오 화면 보이기 ▼

사물 ▼ 인식 시작하기 ▼

인식된 사물 ▼ 보이기 ▼

계속 반복하기

　만일 사물 중 핸드폰 ▼ (이)가 인식되었는가? (이)라면 **6**

　　핸드폰 무늬 ▼ 신호 보내기

　　반복 중단하기

　아니면

　　만일 사물 중 컵 ▼ (이)가 인식되었는가? (이)라면 **7**

　　　컵 무늬 ▼ 신호 보내기

　　　반복 중단하기

　　아니면

　　　만일 사물 중 책 ▼ (이)가 인식되었는가? (이)라면 **8**

　　　　책 무늬 ▼ 신호 보내기

　　　　반복 중단하기

　　　아니면

　　　　다시 인식시켜줘. 읽어주고 기다리기 **9**

　　　　1 초 기다리기

비디오 화면 숨기기 ▼

사물 ▼ 인식 중지하기 ▼

❻ 〈흐름〉의 [만일 (참)이라면, 아니면] 블록을 넣고, (참) 속에 〈인공지능〉–〈비디오 감지〉의 [사물 중 (핸드폰)이 인식되었는가?] 블록을 넣어 줍니다. 참을 만족했다면, 〈시작〉의 [(핸드폰 무늬) 신호 보내기] 블록과 〈흐름〉의 [반복 중단하기] 블록을 넣어 반복문을 빠져나가도록 합니다.

❼ 다시 아니면 아래에 〈흐름〉의 [만일 (참)이라면, 아니면] 블록을 넣고, (참) 속에 〈인공지능〉–〈비디오 감지〉의 [사물 중 (컵)이 인식되었는가?] 블록을 넣어 줍니다. 참을 만족했다면, 〈시작〉의 [(컵 무늬) 신호 보내기] 블록과 〈흐름〉의 [반복 중단하기] 블록을 넣어 반복문을 빠져나가도록 합니다.

❽ 또다시 아니면 아래에 〈흐름〉의 [만일 (참)이라면, 아니면] 블록을 넣고, (참) 속에 〈인공지능〉–〈비디오 감지〉의 [사물 중 (책)이 인식되었는가?] 블록을 넣어 줍니다. 참을 만족했다면, 〈시작〉의 [(책 무늬) 신호 보내기] 블록과 〈흐름〉의 [반복 중단하기] 블록을 넣어 반복문을 빠져나가도록 합니다.

❾ 모든 조건을 다 만족하지 않았다면 〈인공지능〉–〈읽어주기〉의 [(엔트리) 읽어주고 기다리기] 블록과 〈흐름〉의 [(1)초 기다리기] 블록을 차례대로 연결한 후, (엔트리) 자리에 (다시 인식시켜줘.)를 입력하여 인식을 다시 시도할 것을 이야기합니다.

❾ '신비한책 닫힘' 오브젝트를 선택한 상태에서 다음과 같이 코드를 작성합니다.다.

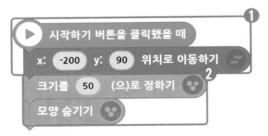

❶ 프로그램이 시작되면 무늬가 될 오브젝트를 실행 화면 왼쪽 상단에 위치하도록 하기 위해, 〈시작〉의 [시작하기 버튼을 클릭했을 때] 블록 아래에 〈움직임〉의 [x: (−200), y: (90) 위치로 이동하기] 블록을 연결합니다.

❷ 〈생김새〉의 [크기를 (50)으로 정하기] 블록과 [모양 숨기기] 블록을 차례대로 연결해 크기를 일정하게 만들고 실행 화면에서 보이지 않게 합니다.

10 계속해서 '신비한책 닫힘' 오브젝트를 선택한 상태에서 코드를 추가합니다.

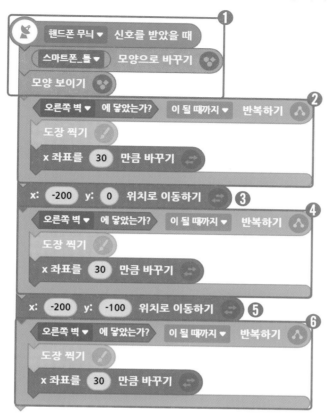

❶ 〈시작〉의 [(핸드폰 무늬) 신호를 받았을 때] 블록을 가져온 뒤 〈생김새〉의 [(스마트폰_틀) 모양으로 바꾸기] 블록과 [모양 보이기] 블록을 차례로 연결합니다.

❷ 〈흐름〉의 [(참)이 될 때까지 반복하기] 블록을 가져와 연결하고 (참) 속에 〈판단〉의 [(오른쪽 벽)에 닿았는가?] 블록을 넣습니다. 조건을 만족했을 때 핸드폰 모양의 오브젝트가 일정한 간격을 두고 계속 반복해서 도장을 찍도록 〈붓〉의 [도장찍기] 블록과 〈움직임〉의 [x 좌표를 (30)만큼 바꾸기] 블록을 넣어 줍니다.

❸ 가로축에 도장을 찍어 무늬를 완성했으므로 화면의 왼쪽 중앙으로 내려오도록 하기 위해 〈움직임〉의 [x: (−200), y: (0) 위치로 이동하기] 블록을 반복하기 블록 아래에 연결합니다.

❹ 다시 〈흐름〉의 [(참)이 될 때까지 반복하기] 블록을 가져와 연결하고 (참) 속에 〈판단〉의 [(오른쪽 벽)에 닿았는가?] 블록을 넣어 줍니다. 조건을 만족했을 때 핸드폰 모양의 오브젝트가 일정한 간격을 두고 계속 반복해서 도장을 찍도록 〈붓〉의 [도장찍기] 블록과 〈움직임〉의 [x 좌표를 (30)만큼 바꾸기] 블록을 넣어 줍니다.

❺ 가로축에 도장을 찍어 무늬를 완성했으므로 화면의 왼쪽 아래로 내려오도록 하기 위해 〈움직임〉의 [x: (−200), y: (−100) 위치로 이동하기] 블록을 반복하기 블록 아래에 연결합니다.

❻ 또다시 〈흐름〉의 [(참)이 될 때까지 반복하기] 블록을 가져와 연결하고 (참) 속에 〈판단〉의 [(오른
쪽 벽)에 닿았는가?] 블록을 넣어 줍니다. 조건을 만족했을 때 핸드폰 모양의 오브젝트가 일정
한 간격을 두고 계속 반복해서 도장을 찍도록 〈붓〉의 [도장찍기] 블록과 〈움직임〉의 [x 좌표를
(30)만큼 바꾸기] 블록을 넣어 줍니다.

⑪ 계속해서 '신비한책 닫힘' 오브젝트를 선택한 상태에서 코드를 추가합니다. 앞에서 작성한 [(핸드
폰 무늬) 신호를 받았을 때] 코드와 동일한데 ❶ 〈시작〉의 [(컵 무늬) 신호를 받았을 때] 블록과 〈생
김새〉의 [(땡땡이컵_1) 모양으로 바꾸기] 블록만 다릅니다. 따라서 앞의 코드를 복사하여 붙여넣기
해준 뒤에 바뀐 부분의 코드만 변경합니다.

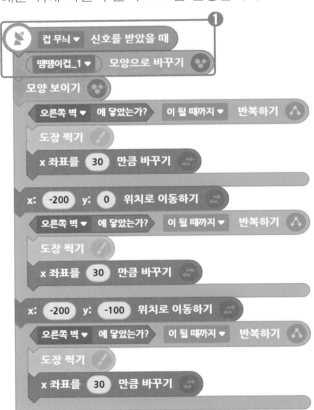

⓬ 계속해서 '신비한책 닫힘' 오브젝트를 선택한 상태에서 코드를 추가합니다. 마찬가지로 거의 똑같
은 코드이므로 코드를 복사하여 붙여넣기한 뒤 ❶ 〈시작〉의 [(책 무늬) 신호를 받았을 때] 블록과
〈생김새〉의 [(신비한 책 닫힘) 모양으로 바꾸기] 블록만 수정해 줍니다.

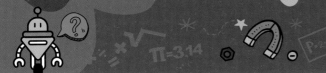
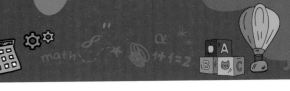

13 프로그램이 완성되었다면 [시작하기] 버튼을 눌러 포장지 꾸미기 놀이를 해봅시다. 컵을 인식시키면 컵 모양 무늬가 포장지를 꾸며 줍니다.

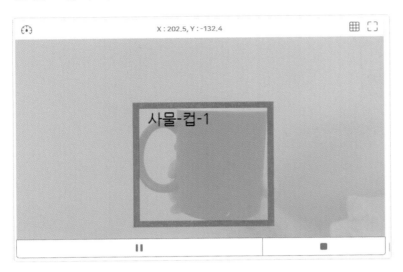

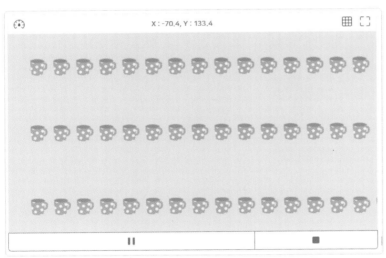

▶ 책을 인식시키면 책 모양 무늬가 포장지를 꾸며 줍니다.

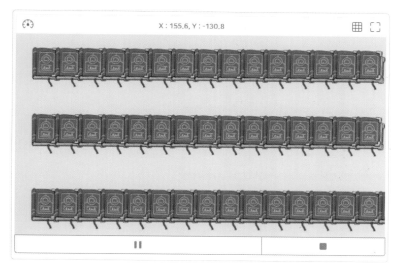

▶ 핸드폰을 인식시키면 핸드폰 모양 무늬가 포장지를 꾸며 줍니다. 코드를 수정하여 여러분이 원하는 모양의 무늬로 포장지를 꾸며 봅시다.

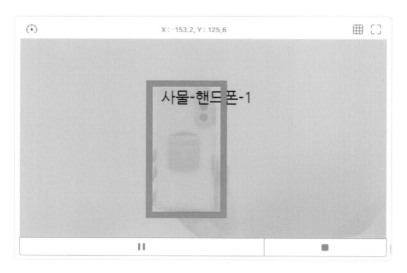

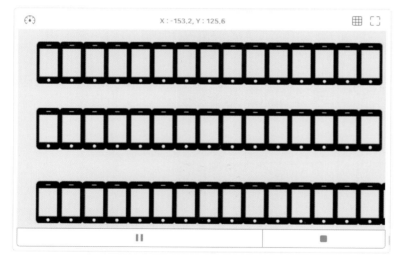

도장이 찍히는 위치나 간격 등을 바꿔
나만의 멋진 포장지로 완성해도 좋아요.

http://naver.me/F0vYuOjc

인공지능이 만든 작품, 창작물일까?

본 챕터에서는 인공지능의 사물 인식 기술을 이용해 포장지를 꾸며 완성해 보았습니다. 비록 실행 화면 위에 포장지를 꾸미는 프로그램이었지만 실제 산업현장에서는 이를 출력해 실제 제품으로도 만들 수 있습니다. 그렇다면 인공지능에 의해 만들어진 작품을 창작물로 볼 수 있을까요?

우리의 예시는 단순한 포장지이지만, 실제 인공지능이 만들어내는 작품은 유명 화가의 화풍을 학습해 새로운 예술 작품을 탄생시키기도 하고, 유명 작곡가의 곡을 학습해 작곡을 해내기도 합니다. 예를 들어 아래 그림은 가지고 있는 사진을 구글의 아트앤컬처 앱을 활용해 키스해링과 반 고흐의 화풍으로 바꾼 것입니다. 인공지능의 기술을 체험하는 앱이지만 이렇게 탄생한 작품들을 창작물로 볼 수 있을 것인지, 만약 누군가가 이런 결과물들을 팔아 수익을 낸다면 저작권 침해에 해당하지는 않는지 등 여러 가지 윤리적으로 생각해 볼 만한 문제들이 많이 있습니다.

현재의 법 제도에서 저작물은 '인간의 사상 또는 감정을 표현한 창작물'을 그 대상으로 합니다. 즉, 인간이 주체가 되어야 한다는 의미입니다. 따라서 인공지능이 제작한 작품은 저작권 보호 대상이 될 수 없습니다. 특히, 인간을 완벽하게 대신하는 수준의 인공지능을 일컫는 '강인공지능'의 경우 창작 주체가 확연하게 인공지능이기에 저작권을 인정받기 힘듭니다. 다만, '약인공지능'의 경우 도구로써의 역할을 하기 때문에 이 인공지능을 개발한 개발자에게 권리가 있다고 주장하는 사람들도 있는 상황입니다.

여러분의 생각은 어떠한가요? 인공지능이 만든 결과물을 인공지능의 창작물로 봐도 좋을까요? 아니면 인공지능은 인간이 아니기에 창작물이라 볼 수 없는 걸까요? 그것도 아니면 인공지능을 개발한 개발자에게 창작물의 권리를 주어야 할까요? 곰곰이 잘 생각해 봅시다.

[Flowers]에서 영감을 받음
Keith Haring
Nakamura Keith Haring Collection | Google Arts & Culture

Self Portrait에서 영감을 받음
Vincent van Gogh
Detroit Institute of Arts | Google Arts & Culture

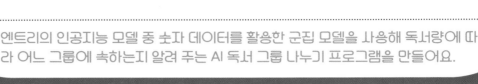

군집(숫자)

어디에 속할까?

Section 10

엔트리의 인공지능 모델 중 숫자 데이터를 활용한 군집 모델을 사용해 독서량에 따라 어느 그룹에 속하는지 알려 주는 AI 독서 그룹 나누기 프로그램을 만들어요.

 수업 길잡이

난이도 ★★★★☆
소요시간 30분 이상
학습영역 인공지능과 학습
준비물 PC 또는 노트북, 사이트 주소 알기 (https://playentry.org/)

AI 프로그래밍을 준비해요!

활동 목표
엔트리의 군집 모델을 이해하고 AI 독서 그룹 나누기 프로그램 만들기

활동 약속
자신의 독서량을 떠올려 어느 그룹에 속하는지 알아봐요.

관련 교과를 확인해요!

관련 교과 및 단원

 • 5학년 > 2학기 > 수학 > 6. 평균과 가능성 > 평균을 구해 볼까요?

 • 6학년 > 1학기 > 수학 > 5. 여러 가지 그래프 > 그래프를 해석해 볼까요?

• 6학년 > 2학기 > 실과 > 4. 생활 속 소프트웨어 > 프로그래밍 요소와 구조

• 초등 인공지능교육 내용체계 > 5–6학년군 > 인공지능 원리와 활용 > 기계학습의 기초

이 활동은

인공지능 군집 모델

데이터에 정해진 정답을 부여하지 않고 컴퓨터 스스로 분류할 기준을 찾게 하여 그룹을 나누는 "비지도 학습"을 활용한 프로그램입니다. 독서량과 관련된 데이터를 주면서 3개 또는 4개의 그룹으로 나눠 달라고 하면 인공지능이 숫자 데이터를 분석해 공통된 속성을 가진 것끼리 그룹(군집)으로 묶어서 알려 줍니다. 독서량 데이터를 활용해 자신이 어느 그룹에 속하는지 알 수 있는 AI 독서 그룹 나누기 프로그램을 만들어 봅시다.

1 〈데이터 분석〉 카테고리를 클릭한 후 [테이블 불러오기] 버튼을 누릅니다.

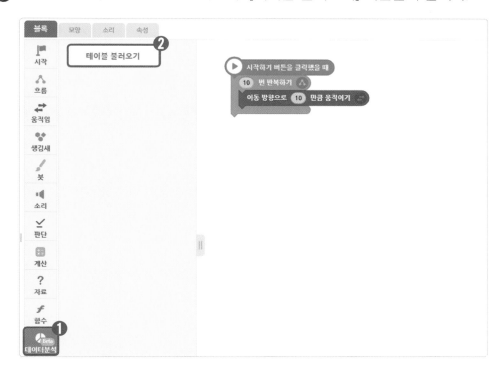

2 "먼저 테이블을 추가해 주세요"라는 메시지가 보입니다. 왼쪽 상단에서 [테이블 추가하기] 버튼을 클릭합니다.

❸ 〈파일 올리기〉를 클릭하면 외부 파일을 끌어다 놓거나 [파일 선택] 버튼을 눌러 업로드하라는 메시지가 보입니다. 영진닷컴(https://www.youngjin.com/reader/pds/pds.asp) 홈페이지에서 다운로드한 "영진-수학-독서그룹-데이터셋" 파일을 선택합니다.

❹ 선택한 데이터가 보이면 [추가하기] 버튼을 클릭합니다. 이 데이터는 임의의 데이터이므로 실제 친구들의 작년 독서량과 금년 독서량 데이터를 수집해 활용해도 좋습니다.

⑤ 추가된 데이터를 확인합니다. 이름, 작년 독서량, 금년 독서량을 확인할 수 있습니다. [적용하기] 버튼을 클릭합니다.

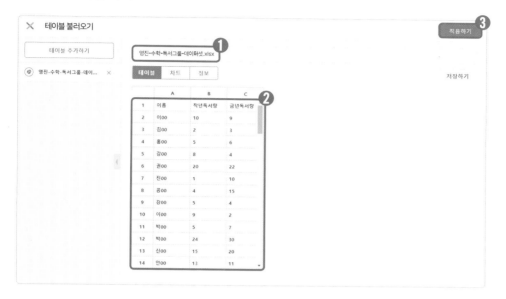

⑥ 데이터를 추가했다면 〈인공지능〉 카테고리를 클릭한 후 [인공지능 모델 학습하기] 버튼을 누릅니다.

❼ 〈학습할 모델 선택하기〉에서 [군집: 숫자] 모델을 선택한 후 [학습하기] 버튼을 클릭합니다.

❽ 모델의 이름을 "독서 그룹"으로 정하고, 앞에서 추가한 "영진–수학–독서그룹–데이터셋"을 선택합니다. 숫자 데이터를 분석하기 위한 속성인 (작년 독서량), (금년 독서량)이 보입니다.

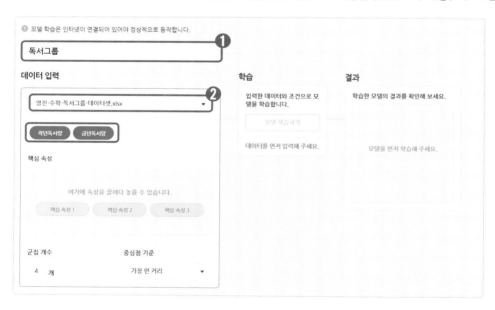

9 ❶ 핵심 속성을 (작년 독서량), (금년 독서량)으로 정하고, ❷ 군집은 독서량이 많은 그룹, 독서량이 보통인 그룹, 독서량이 적은 그룹으로 나눠 볼 예정이므로 군집 개수는 3개로 정합니다. 그리고 군집을 확실하게 구분하기 위해 중심점 기준을 '가장 먼 거리'로 정합니다. ❸ 학습의 [모델 학습하기] 버튼을 누르면 학습이 시작됩니다.

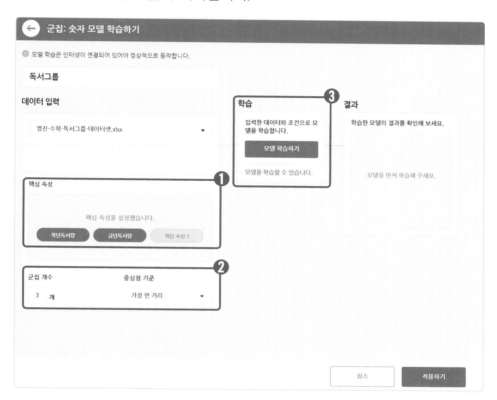

TIP 군집의 개수를 몇 개로 정하느냐에 따라 결과가 달라져요!

비지도 학습인 군집 모델을 활용할 때 데이터를 주면 그림처럼 컴퓨터가 이 데이터들을 분석해 공통의 속성을 가진 것끼리 묶어 몇 개의 그룹으로 나눠 줍니다. 예를 들어 군집의 개수(K)를 3개로 정하면 왼쪽 그림처럼 3개의 그룹으로 나누게 되는 것입니다. 따라서 군집의 개수를 몇 개로 정하느냐에 따라 결과는 달라집니다.

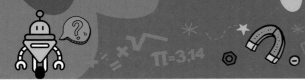

⑩ 학습을 완료했다면 다음을 확인합니다.

❶ 군집 1은 작년 독서량 10.1, 금년 독서량 13.8로 중간 정도로 읽는 그룹임을 알 수 있습니다. 군집 2는 작년 독서량 27.5, 금년 독서량 13.5로 제일 많이 읽는 그룹임을 알 수 있고, 군집 3은 작년 독서량 5.03, 금년 독서량 4.53으로 제일 적게 읽는 그룹임을 알 수 있습니다.

❷ 완료되었다면 [적용하기] 버튼을 클릭합니다.

★ 학습할 때마다 군집이 달라질 수 있습니다. 예를 들어 처음 학습했을 때는 군집1이 제일 독서량이 많은 그룹이었지만 다음 학습 시 군집2가 제일 독서량이 많은 그룹으로 나올 수 있는 것입니다. 그 이유는 비지도학습의 경우 그룹의 이름을 미리 정해 주지 않기 때문입니다. 즉, 인공지능이 데이터를 학습하는 과정에서 기준에 따라 3개의 그룹으로 나눌 뿐이기 때문에, 학습이 끝난 후 나눠진 그룹을 보고 어떤 그룹인지를 직접 확인해야 합니다.

⑪ 기본 오브젝트인 '엔트리봇'은 삭제하고, 오브젝트 추가하기를 눌러 ❶글상자 오브젝트(나는 책을 많이 읽는 그룹일까?), ❷'[묶음] 신비한책 열림' 오브젝트, ❸글상자 오브젝트(1그룹 평균 :), ❹글 상자 오브젝트(2그룹 평균 :), ❺글상자 오브젝트(3그룹 평균 :)를 그림처럼 추가합니다.

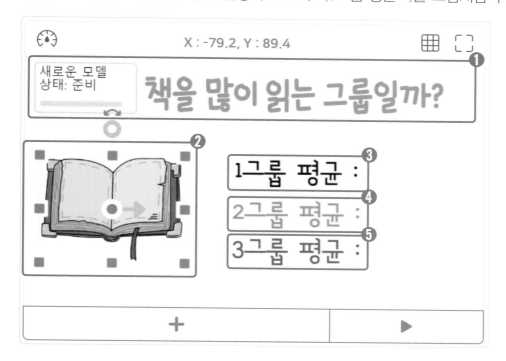

❶ 글상자 오브젝트(나는 책을 많이 읽는 그룹일까?) : 산돌 초록우산 어린이, 글자색 청록색, 배경색 없음
❸ 글상자 오브젝트(1그룹 평균 :) : 디자인 하우스체, 글자색 검은색, 배경색 없음
❹ 글상자 오브젝트(2그룹 평균 :) : 디자인 하우스체, 글자색 분홍색, 배경색 없음
❺ 글상자 오브젝트(3그룹 평균 :) : 디자인 하우스체, 글자색 보라색, 배경색 없음

⑫ 속성 탭을 클릭해 코드에 필요한 신호와 변수를 만들어 줍니다.

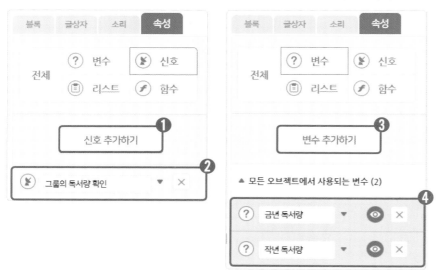

❶ [신호]를 선택한 뒤 [신호 추가하기] 버튼을 클릭합니다.

❷ "그룹의 독서량 확인" 신호를 만들어 줍니다.

❸ [변수]를 선택한 뒤 [변수 추가하기] 버튼을 클릭합니다.

❹ "작년 독서량"과 "금년 독서량" 변수를 만들어 줍니다.

⑬ 〈인공지능〉 카테고리의 [인공지능 블록 불러오기]에서 〈읽어주기〉를 추가합니다.

⑭ '[묶음] 신비한책 열림' 오브젝트를 선택한 상태에서 다음과 같이 코드를 작성합니다.

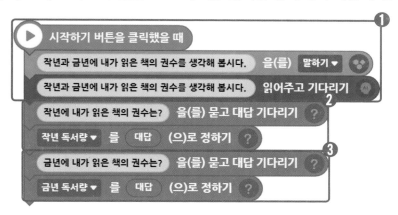

❶ 〈시작〉의 [시작하기 버튼을 클릭했을 때] 블록 아래에 〈생김새〉의 [(안녕)을 (말하기)] 블록과 〈인공지능〉–〈읽어주기〉의 [(엔트리) 읽어주고 기다리기] 블록을 차례로 연결하고, (안녕)과 (엔트리) 대신 (작년과 금년에 내가 읽은 책의 권수를 생각해 봅시다.)를 입력합니다.

❷ 〈자료〉의 [(안녕)을 묻고 대답 기다리기] 블록을 연결하고, (안녕) 속에 (작년에 내가 읽은 책의 권수는?)이라고 입력합니다. 그리고 그 대답값을 작년 독서량 변수에 저장할 수 있도록 [(작년 독서량)을 (10)으로 정하기] 블록을 연결하고 (10) 자리에 [대답] 블록을 넣습니다.

❸ 똑같이 〈자료〉의 [(안녕)을 묻고 대답 기다리기] 블록을 하나 더 연결하고, (안녕) 대신 (금년에 내가 읽은 책의 권수는?)을 입력합니다. 그리고 그 대답값을 금년 독서량 변수에 저장할 수 있도록 [(금년 독서량)을 (10)으로 정하기] 블록을 연결하고 (10) 자리에 [대답] 블록을 넣습니다.

⑮ 계속해서 '[묶음] 신비한책 열림' 오브젝트를 선택한 상태에서 코드를 연결합니다.

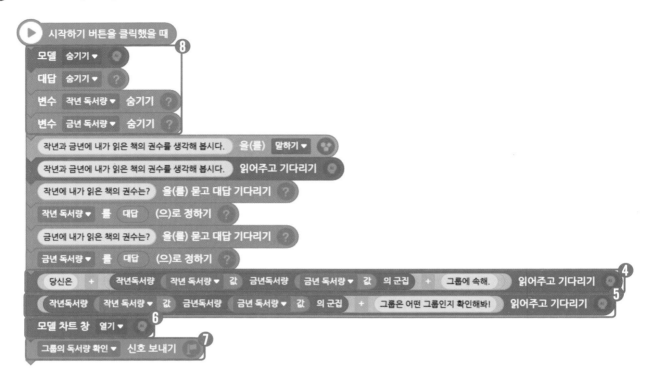

❹ [(금년 독서량)을 (대답)으로 정하기] 블록 아래에 〈인공지능〉-〈읽어주기〉의 [(엔트리) 읽어주고 기다리기] 블록을 연결하고 (엔트리) 속에 〈계산〉의 [(10)+(10)] 블록을 2개 가져와 넣습니다. 첫 번째 (10)에는 (당신은)을 입력하고 세 번째 (10)에는 (그룹에 속해.)를 입력합니다. 두 번째 (10)에는 〈인공지능〉-〈군집: 숫자 모델〉의 [작년 독서량 (10) 금년 독서량 (10)의 군집] 블록을 넣고, 이 블록 속 첫 번째 (10)에는 〈자료〉의 [(작년 독서량)값] 블록을, 두 번째 (10)에는 [(금년 독서량)값] 블록을 넣어 줍니다.

❺ 〈인공지능〉-〈읽어주기〉의 [(엔트리) 읽어주고 기다리기] 블록을 하나 더 연결합니다. 그리고 (엔트리) 속에 〈계산〉의 [(10)+(10)] 블록을 넣고 두 번째 (10)에는 (그룹은 어떤 그룹인지 확인해봐!) 를 입력합니다. 첫 번째 (10)에는 〈인공지능〉-〈군집: 숫자 모델〉의 [작년 독서량 (10) 금년 독서 량 (10)의 군집] 블록을 넣고, 이 블록 속 첫 번째 (10)에는 〈자료〉의 [(작년 독서량)값] 블록을, 두 번째 (10)에는 [(금년 독서량)값] 블록을 넣어 줍니다.

❻ 군집 모델 차트를 확인하기 위해 〈인공지능〉-〈군집: 숫자 모델〉의 [모델 차트 창 (열기)] 블록을 연결합니다.

❼ 〈시작〉의 [(그룹의 독서량 확인) 신호 보내기] 블록을 연결해 줍니다.

❽ 프로그램이 시작되었을 때 실행 화면이 지저분해 보이지 않도록 [시작하기 버튼을 클릭했을 때] 아래에 〈인공지능〉-〈군집: 숫자 모델〉의 [모델 (숨기기)] 블록, 〈자료〉의 [대답 (숨기기)] 블록, [변수 (작년 독서량) 숨기기] 블록, [변수 (금년 독서량) 숨기기] 블록을 차례대로 연결해 줍니다.

16 글상자 오브젝트(1그룹 평균 :)을 선택한 상태에서 다음과 같이 코드를 작성합니다.

❶ 〈시작〉의 [(그룹의 독서량 확인) 신호를 받았을 때] 블록을 가져옵니다.

❷ 그 아래에 〈글상자〉의 [(엔트리)라고 뒤에 이어쓰기] 블록을 연결하고 (엔트리) 속에 〈계산〉의 [(10)/(10)] 블록을 넣습니다. 그리고 첫 번째 (10)에는 〈계산〉의 [(10)+(10)] 블록을 넣고, 두 번째 (10)에는 숫자 2를 입력합니다. [(10)+(10)] 블록 속 첫 번째 (10)에는 〈인공지능〉-〈군집: 숫자 모델〉의 [군집 (1) 중심점의 (작년 독서량)값] 블록을 넣고 두 번째 (10)에는 [군집 (1) 중심점의 (금년 독서량)값] 블록을 넣어 줍니다. 군집 1 중심점의 작년과 금년의 독서량 평균을 보여 줄 수 있습니다.

17 글상자 오브젝트(2그룹 평균 :)와 글상자 오브젝트(3그룹 평균 :)를 선택한 상태에서 과정 **16**의 코드를 복사해 붙여넣기한 뒤, 군집 1을 각각 군집 2와 군집 3으로 변경합니다.

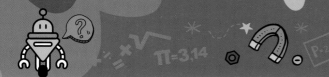

⑱ 프로그램이 완성되었다면 [시작하기] 버튼을 눌러 어떤 독서 그룹에 속하는지 확인해 봅시다. 예시에서는 작년에 읽은 책의 권수를 10으로 정했어요.

▶ 예시에서는 금년에 읽은 책의 권수는 15로 정했어요.

▶ 1그룹에 속한다는 결과가 나옵니다. 그리고 화면에서 1그룹 평균이 11.95권, 2그룹 평균이 20.5 권, 3그룹 평균이 4.78권으로 2그룹이 가장 많이 읽는 그룹이고, 3그룹이 제일 적게 읽는 그룹 이며 1그룹이 중간 정도 읽는 그룹임을 확인할 수 있습니다.

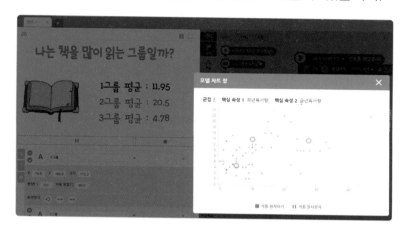

▶ 모델 차트 창을 분석하면, 가로축이 작년 독서량, 세로축이 금년 독서량을 나타냅니다. 군집2 가 독서량이 제일 많은 그룹으로 작년과 금년의 독서량이 모두 높습니다. 군집3은 그래프의 위 치상으로도 독서량이 제일 적은 그룹으로 확인되며, 예시값으로 넣었던 데이터의 경우 군집1의 중심점 위치와 거의 동일하다고 볼 수 있습니다.

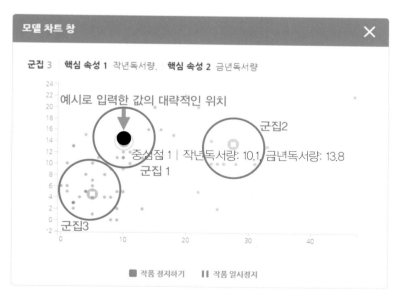

TIP

작년과 금년의 독서량을 달리하여 어떤 그룹에 속하는지
결과를 확인해 봅니다. 또, 군집의 개수를 달리했을 때
결과가 어떻게 달라지는지도 확인해 보세요.

http://naver.me/5pNdt3UC

SECTION 10 : 어디에 속할까? **147**

인공지능이 찾은
최적의 스타벅스DT 장소는?

본 챕터에서는 작년과 금년의 독서량 데이터를 바탕으로 3개의 그룹으로 분류하는 군집 프로그램을 만들어 보았습니다. 만들어진 그룹을 보니 독서량이 많은 그룹과 중간인 그룹, 그리고 독서량이 적은 그룹으로 분류하였음을 알 수 있습니다. 이때 사용한 작년과 금년의 독서량 데이터는 레이블이 없는, 즉 정답을 부여하지 않고 컴퓨터 스스로 분류할 기준을 찾게 하여 그룹을 나누게 하는 "비지도 학습"을 활용한 프로그램입니다. 이와 같이 머신러닝의 비지도 학습을 활용한 실제 문제 해결 사례를 살펴볼까요?

코로나19로 DT(Drive-Through)를 이용하는 스타벅스 고객들이 많아지자 스타벅스에서는 전국의 스타벅스DT점 250곳을 5개의 그룹으로 나눠 보았습니다. 이때 사용한 데이터는 교통량 점수, 관광지 거리 및 리뷰수, 유동인구수, 리뷰 점수, 그리고 네이버 영수증 리뷰였습니다. 이 5가지 데이터를 활용해 250곳을 5개의 그룹으로 나누었고, 1군집의 경우 매출과 고객들의 만족도가 모두 높은 곳으로 나타났습니다. 나눠진 그룹을 통해 역으로 왜 그 그룹이 매출과 고객만족도가 모두 높은지를 분석해 다음 스타벅스 DT점 장소를 결정할 때 활용할 수 있습니다.

앞서 3개의 그룹으로 나눠 본 독서량 데이터의 경우 독서량이 높은 그룹에 속한 사람들의 특징을 분석해 봄으로써 독서량을 늘리기 위해 어떤 전략이나 노력이 필요한지 생각해 볼 수 있을 것입니다. 자, 그럼 여러분이 궁금한 것은 무엇인지, 그 궁금증을 해결하기 위해서 어떤 데이터가 필요한지를 조사해 여러분의 궁금증을 해소해 줄 비지도 학습 프로그램을 만들어 보는 것은 어떨까요?

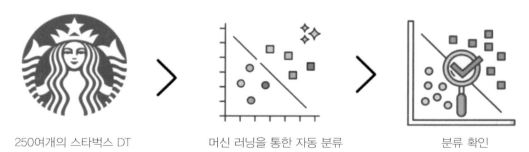

250여개의 스타벅스 DT   머신 러닝을 통한 자동 분류   분류 확인

이미지 출처 https://www.sphinfo.com/starbucksdt-ml2/

MEMO

MEMO

✦수학 교과 연계로 쉽게 배우는 인공지능✦

인공지능, 엔트리 수학을 만나다

1판 1쇄 발행   2021년 12월 17일

저 자 | 홍지연
발 행 인 | 김길수
발 행 처 | ㈜영진닷컴
주 소 | ㈜08507 서울 금천구 가산디지털1로 128
       STX-V타워 4층 401호
등 록 | 2007. 4. 27. 제16-4189호

©2021. ㈜영진닷컴

ISBN | 978-89-314-6593-8

이 책에 실린 내용의 무단 전재 및 무단 복제를 금합니다.

YoungJin.com Y.
영진닷컴

영진닷컴 SW 교육

영진닷컴은 초, 중학생들이 SW 교육을 쉽게 배울 수 있도록 언플러그드, EPL, 피지컬 컴퓨팅 등 다양한 도서를 구성하고 있습니다. 단계별 따라하기 방식으로 재미있게 설명하고, 교재로 활용할 수 있도록 강의안과 동영상을 제공합니다.

인공지능, 언플러그드를 만나다
홍지연 저 | 202쪽
16,000원

인공지능, 스크래치를 만나다
홍지연 저 | 152쪽
14,000원

인공지능, 엔트리를 만나다
홍지연 저 | 184쪽
16,000원

인공지능, 게임을 만나다
홍지연 저 | 168쪽
15,000원

스크래치야! 과학이랑 놀자 3.0
김미의, 김현정, 이미향 공저
200쪽 | 12,000원

코딩프렌즈와 함께 하는 스크래치 게임 챌린지
지란지교에듀랩, 이휘동 저
200쪽 | 13,000원

코딩프렌즈와 함께 하는 엔트리 게임 챌린지
지란지교에듀랩 저 | 216쪽
13,000원

엔트리 인공지능 with 햄스터 로봇
강윤지 외 9명 공저 | 272쪽
18,000원

언플러그드 놀이 코딩 보드게임
홍지연, 홍장우 공저 | 172쪽
15,000원

언플러그드 놀이 교과 보드게임
홍지연, 홍장우 공저 | 194쪽
15,000원

아두이노, 상상을 현실로 만드는 프로젝트 입문편
이준혁, 최재규 공저 | 296쪽
18,000원

마이크로비트, 상상을 현실로 만드는 프로젝트 입문편
이준혁 저 | 304쪽 | 18,000원